問いからはじめる
家族社会学

多様化する
家族の
包摂に向けて

INTRODUCTION TO SOCIOLOGY OF
THE FAMILY WITH NEW QUESTIONS

著・岩間暁子
　　大和礼子
　　田間泰子

有斐閣ストゥディア

は じ め に

　本書の執筆・編集にあたっては執筆者と編集者で議論を重ね，学生の学びを助けるために，以下の5つの工夫を凝らしている。

　第1に，いずれの章も冒頭に各章のテーマに関わる「問い（QUESTION）」を提起し，これらの「問い」に答える形で第2節以降の解説を行うという流れで構成されている。このような構成を採用した理由は，学生が教員の説明を一方的に聞いて家族社会学の知識を覚えるのではなく，（講義形式の授業であっても）「自分の頭で考える姿勢」やそのために必要となる「論理的思考力」「分析力（統計データや資料などを読み解く能力）」も同時に身につけられるようにしたいと考えたからである。「家族」のあゆみと現状を家族社会学の知見に基づいて理解したうえで，今後の「家族」と「家族」を取り囲む社会や制度のあり方についてみなさん1人ひとりが意見や展望をもてるようになることをめざすと同時に，本書を窓口として社会学のおもしろさ，社会学的な考え方や分析の仕方についても触れてほしいと考えている。

　第2に，各章の初めにその章で扱うテーマを端的に示す「キーワード（KEYWORD）」を示すことにより，学生が学ぶ内容についての見通しをもちやすくなるようにしている。なお，「キーワード」の意味や内容については本書の記述だけでも理解できるように心がけたが，さらに調べたい場合には，「家族」に関する代表的な事典である『事典家族』（比較家族史学会編，1996年，弘文堂）のほか，「家族」に関するさまざまな現象や理論などを簡潔に解説している『論点ハンドブック　家族社会学』（野々山久也編，2009年，世界思想社）や『よくわかる現代家族』（神原文子・杉井潤子・竹田美知編，2009年，ミネルヴァ書房）が役に立つだろう。なお，社会学の事典や辞典であれば，『新社会学辞典』（森岡清美・塩原勉・本間康平編，1993年，有斐閣），『社会学事典』（日本社会学会社会学事典刊行委員会編，2010年，丸善），『現代社会学事典』（大澤真幸・吉見俊哉・鷲田清一編，2012年，弘文堂）などがよく使われている。持ち運びやすい大きさの辞典としては『新版増補版　社会学小辞典』（濱嶋朗・竹内郁郎・石川晃弘編，2005年，有斐閣）がある。

i

第3に，学生が主体的に取り組むことによって理解を深められるよう，各章末に複数の「課題（EXERCISE）」を用意している。官公庁のホームページなどで収集した統計データを整理し，その結果を学生同士で議論する課題，アンケート調査やインタビューなどの社会調査を実際に行う課題，家族に関する映画やテレビ番組のDVDを見て議論する課題など，さまざまなタイプの課題を設けたので，学生や担当教員の興味・関心などに応じて自由に選んでいただきたい。

　第4に，紙幅の都合上，本文で詳しく取り上げることのできなかった「家族」をめぐる新たな動きや，「家族」をより深く理解するために重要と考えられる概念や法制度などについては「**Column**」として収めている。こちらについても，「課題」と併せて授業内外で活用していただきたい。

　第5に，本書は大学で半期（15回）の授業で教科書として利用することを基本的には想定しているが，学生の興味・関心やクラスの特性などにあわせて，さまざまな利用方法ができる構成にもなっている。講義形式の授業での用い方としては，1章を平均2回の授業で解説するスタイルが標準的となるが，たとえば福祉・医療系の学生を対象とした授業では第1章の後に，第3章（家族・貧困・福祉），第5章（就業と家族），第6章（妊娠・出産・子育て），第7章（親－成人子関係のゆくえ）を中心に取り上げるといった用い方もできるだろう。

　また，ゼミなどの少人数授業の場合には1週目に本文の解説を終え，2週目以降に学生がグループ単位で課題に取り組むという用い方もできるだろう。第1の特徴として説明したように，特に少人数授業で用いる場合には，「家族社会学」の科目に限らず，社会学を初めて学ぶ1年生や，社会学を専攻しない学生が社会学に触れる入門書としても活用できるように工夫を凝らした。

　一定の水準を保ちつつ，教科書としての読みやすさや学ぶ楽しさも重視しながら執筆にあたったが，既存の社会学理論や仮説に加えて，「家族」の新しい研究動向や社会現象もできるだけ盛り込みたいと考えたため，難しく感じられる部分もあるかもしれない。本書が「家族」を社会学的観点からとらえるにあたってのみなさんのよきパートナーとなることを願っている。

　本書の編集にあたっては，有斐閣書籍編集第2部の堀奈美子さんにたいへん

お世話になった。すべての研究会にご参加いただき，本書の企画から出版に至るまでの全過程を見守り，適切な助言やサポートをしていただいたことに深く感謝申し上げる。

2015 年 1 月

著 者 一 同

刊行後の追加情報などは以下のウェブサイトで提供する予定です。
http://www.yuhikaku.co.jp/static/studia_ws/index.html

著者紹介

岩間　暁子（いわま　あきこ）　　　　　担当　第**1**，**3**，**5**章，**8**章（共同執筆）
立教大学社会学部教授
主　著

『少子化時代の家族変容——パートナーシップと出生行動』（分担執筆，阿藤誠ほか編）東京大学出版会，2011年。『女性の就業と家族のゆくえ——格差社会のなかの変容』東京大学出版会，2008年。『マイノリティとは何か——概念と政策の比較社会学』（ユ・ヒョヂョンと共編）ミネルヴァ書房，2007年（2012年に韓国語訳出版）。

> **読者へのメッセージ**
> 　誰もが何らかの「家族」に関する経験や期待をもっているだけに，「家族」を相対的にとらえることは案外難しいことかもしれません。本書で学んだ知識が実感をともなう形での理解につながるのはもっと後になるかもしれませんが，みなさんが自分の人生をみつめ，歩んでいくなかで，「家族」の存在や意味，社会のあり方，他者との関係性などを考える際にこの本が何がしかの意味をもつのであれば幸いです。

大和　礼子（やまと　れいこ）　　　　　担当　第**4**，**7**章，**8**章（共同執筆）
関西大学社会学部教授
主　著

『東アジアの労働市場と社会階層』（分担執筆，太郎丸博編）京都大学学術出版会，2014年。『生涯ケアラーの誕生——再構築された世代関係／再構築されないジェンダー関係』学文社，2008年。『男の育児・女の育児——家族社会学からのアプローチ』（斧出節子・木脇奈智子と共編）昭和堂，2008年。

> **読者へのメッセージ**
> 　知識だけでなく，「考える」方法や，考えを「伝える」方法も学べるようにと，この本をつくりました。そのために各章のはじめに「問い」を示し，可能な限り「問い→仮説の提示→根拠（データ）の提示→結論（問いに対する答え）」という形で議論を進めています。この本とともに，家族に関するさまざまな現象を考えたり，調べたり，議論したりして，学ぶことのおもしろさを味わっていただけたらうれしいです。

田間　泰子（たま　やすこ）　　　　　　担当　第**2**，**6**章，**8**章（共同執筆）
大阪府立大学人間社会システム科学研究科教授

主　著

『岩波講座日本歴史 19　近現代 5』（分担執筆，大津透ほか編）岩波書店，2015 年。
『リスク社会のライフデザイン──変わりゆく家族をみすえて』（分担執筆，宮本みち子・岩上真珠編）放送大学教育振興会，2014 年。『「近代家族」とボディ・ポリティクス』世界思想社，2006 年。

読者へのメッセージ

　ふだんは身近な存在の家族ですが，本書を通して，その大切さ・危うさとともに，歴史性や国家政策との深い関わりを学んでいただけるとうれしいです。大切な家族だからこそ，誰にとってもよりよいあり方が可能になるよう，みなさんと一緒に考えていきたいです。

目　　次

CHAPTER 1　「家族」を読み解くために　　　1
本書の視角と構成

1　はじめに──「家族」の多様化と政治性 ・・・・・・・・・・・・・・・・・・・・・・・・ 2

多様化する家族──晩婚化・未婚化・少子化の影響（2）
独身の子どもによる介護をめぐる問題（3）　　夫婦別姓をめ
ぐる動き（4）　　「年金制度」と負担の不公正さ（5）　　「寡
婦控除」における未婚で出産した女性の扱い（6）

2　日本の家族の変化──世帯，ライフイベント，価値観に着目して ・・ 7

世帯構成の変化（7）　　ライフイベントを経験する順序（8）
「家族が一番大切」と考える人の増加（11）

3　近代社会の編成原理とジェンダー ・・・・・・・・・・・・・・・・・・・・・・・・・・・・・・ 12

公的領域と私的領域（12）　　セックスとジェンダー（15）

4　本書の視角 ・・・ 15

5　本書の構成 ・・・ 18

CHAPTER 2　「近代家族」の成立　　　23

1　はじめに──現代家族を理解するために ・・・・・・・・・・・・・・・・・・・・・・・ 24

2　家族は歴史的に変化するか ・・・・・・・・・・・・・・・・・・・・・・・・・・・・・・・・・・・・・ 25

核家族普遍説（25）　　核家族＝近代家族論（27）　　まとめ
と課題の確認（30）

3　家族の地域的多様性と歴史的変化 ・・・・・・・・・・・・・・・・・・・・・・・・・・・・・ 30

母子関係中心説／ネットワーク論的家族論（30）　　日本の
村落社会研究（32）　　歴史人口学（33）　　家族の近代化と
地域差（36）

4　家族をめぐる社会状況の近代化 ・・・・・・・・・・・・・・・・・・・・・・・・・・・・・・・・ 38

家族制度の近代化（38）　　近代家族に残された不平等（41）
産業の近代化と家族（41）　　家族と社会状況の近代化（43）

5　近代家族と近代化 ・・・ 43

CHAPTER 3　家族・貧困・福祉　49

1 はじめに——「一億総中流」から「格差」そして「貧困」へ……50

2 貧困をめぐる議論………………………………………………52

絶対的貧困と相対的貧困（52）　貧困の原因に関する2つの見方——個人？ 社会？（53）

3 家族と貧困——どのような家族が貧困状態にあるのか…………55

女性の貧困率は男性よりも高い（55）　世帯類型と貧困（56）　働いても貧困からの脱出が難しい日本の母子世帯（58）　貧困の女性化（59）

4 福祉レジーム類型と家族……………………………………60

人生における3つのリスク（60）　福祉レジームの3類型——「自由主義」「社会民主主義」「保守主義」（62）

5 日本の生活保障システムの特徴とその限界………………66

3類型に対する批判（66）　日本の生活保障は「男性稼ぎ主」型（66）

6 社会的包摂に向けて……………………………………………69

CHAPTER 4　結　婚　77

1 はじめに——結婚は衰退しているのか，変化しているのか………78

マクロな視点とミクロな視点（78）　近代化と結婚——衰退論と適応論（79）　本章の問い（80）

2 結婚とは何か…………………………………………………81

結婚の機能（81）　制度としての結婚（84）　日本における結婚制度の変化——明治民法の家制度から現行家族法へ（86）　現行家族法における結婚制度の問題点（87）　社会の変化と結婚の変化（88）

3 未婚化という変化……………………………………………91

未婚化が社会に与える影響（91）　未婚化の要因に関するさまざまな仮説（91）　未婚化の要因に対するデータでの検討（93）　未婚化への社会的対応（96）

目　次　● vii

4 離婚における変化‥‥‥‥‥‥‥‥‥‥‥‥‥‥‥‥‥‥‥‥‥‥97

統計からみる離婚の概況（**97**）　離婚についての意識（**98**）
離婚制度（**99**）

5 パートナーシップの多様化‥‥‥‥‥‥‥‥‥‥‥‥‥‥‥‥‥103

欧米の状況（**103**）　日本の状況（**104**）

CHAPTER 5 就業と家族 109

1 はじめに──ワーク・ライフ・バランスの実現に向けて‥‥‥‥110

2 男女で大きく異なる働き方‥‥‥‥‥‥‥‥‥‥‥‥‥‥‥‥‥111

3 男女格差の温存と女性労働者の二極化‥‥‥‥‥‥‥‥‥‥‥‥116

「男女雇用機会均等法」による変化（**116**）　役職にみられ
る男女格差の温存（**117**）　男女間の大きな賃金格差（**117**）
「子育て」という障壁（**119**）　女性労働者の二極化（**119**）

4 私的領域における性別役割分業の実態‥‥‥‥‥‥‥‥‥‥‥‥123

生活時間にみられるジェンダー差（**123**）　家事分担の規定
要因に関する仮説（**125**）　独身者やひとり親世帯の困難
（**128**）

5 新たな家族モデル・社会保障の構築に向けて‥‥‥‥‥‥‥‥‥130

CHAPTER 6 妊娠・出産・子育て 137

1 はじめに──性・生殖と家族‥‥‥‥‥‥‥‥‥‥‥‥‥‥‥‥138

2 少子化と戦後日本の家族‥‥‥‥‥‥‥‥‥‥‥‥‥‥‥‥‥‥140

少子化の原因は何か？（**140**）　ロマンティック・ラブ・イ
デオロギーと子どもを産むこと（**143**）　少子化は続くの
か？（**146**）

3 現代日本で子どもをもつということ──なぜ子どもをもつのか 147

誰が子育てしているか（**149**）　子育てを支える社会とは
（**151**）

4 親とは誰か，子とは誰か‥‥‥‥‥‥‥‥‥‥‥‥‥‥‥‥‥‥153

生殖補助技術と親子関係（**153**）　養子と里子（**158**）　望

ましい子育て／支援政策を考えよう（160）

CHAPTER 7 親 – 成人子関係のゆくえ　165

1 はじめに——変化する親 – 成人子関係・・・・・・・・・・・・・・・・・・・・166

2 親 – 成人子関係についての理論枠組み・・・・・・・・・・・・・・・・・・・167

核家族孤立化論（168）　修正拡大家族論（169）　文化的
規範論（169）　人口学的要因論（169）　政策・制度論
（170）

3 親 – 成人子関係を取り巻く社会環境の変化・・・・・・・・・・・・・・・171

産業化（171）　人口学的変化——長寿化と少子化（171）
政策・制度の変化（172）

4 親 – 成人子関係はどう変化したか・・・・・・・・・・・・・・・・・・・・・・・178

同居（178）　相続（182）　経済的援助と世話的援助
（183）　親 – 成人子の援助関係における「3つの原則の並
存」（187）

5 少子高齢化・経済のグローバル化の影響・・・・・・・・・・・・・・・・・191

CHAPTER 8 個人・家族・親密性のゆくえ　197

1 はじめに——新たな家族像の模索・・・・・・・・・・・・・・・・・・・・・・・198

2 公共圏と親密圏・・・・・・・・・・・・・・・・・・・・・・・・・・・・・・・・・・・・・・・199

「親密性」と「親密性の変容」（199）　日本社会における
「親密性」概念（201）　「親密圏」の2つのタイプ——欧米
型と日本・韓国型（203）

3 グローバル化と多民族・多国籍化する家族・・・・・・・・・・・・・・205

日本における国際結婚の増加（205）　韓国の「多文化家族
支援法」（207）

4 セクシュアル・マイノリティ（LGBT）・・・・・・・・・・・・・・・209

5 多様化する家族の承認・包摂に向けて・・・・・・・・・・・・・・・・・211

事 項 索 引————————————————————217

目　　次　● ix

Column ● コラム一覧

① 圧縮された近代と家族‥‥‥‥‥‥‥‥‥‥‥‥‥‥‥‥‥‥‥ 44

② 子どもの貧困と地方自治体の取り組み‥‥‥‥‥‥‥‥‥‥ 74

③ 第二次世界大戦後の日本における離婚制度‥‥‥‥‥‥‥‥ 100

④ 感情労働‥‥‥‥‥‥‥‥‥‥‥‥‥‥‥‥‥‥‥‥‥‥‥ 128

⑤ 障害と家族‥‥‥‥‥‥‥‥‥‥‥‥‥‥‥‥‥‥‥‥‥‥ 156

⑥ 家族計画（family planning, planned parenthood）‥‥‥‥‥ 157

⑦ 高齢者と子の同居・別居についての国際比較‥‥‥‥‥‥‥ 188

⑧ 親 – 成人子の援助関係についての東アジアでの国際比較‥‥‥ 190

本書のコピー，スキャン，デジタル化等の無断複製は著作権法上での例外を除き禁じられています。本書を代行業者等の第三者に依頼してスキャンやデジタル化することは，たとえ個人や家庭内での利用でも著作権法違反です。

CHAPTER

第 **1** 章

「家族」を読み解くために

本書の視角と構成

KEYWORD

介護　夫婦別姓　国家　年金制度　寡婦控除　政治性　世帯　有償労働－無償労働
生産－再生産　公的領域－私的領域　市場　ジェンダー　性別役割分業

QUESTION

1　日本でも「家族」のあり方は多様化しているが，日本の制度や政策はこうした多様な「家族」を平等に取り扱っているのか？　もし平等な取り扱いをしていないのなら，それはなぜなのか？

2　なぜ日本では制度や政策の保護・支援を受けられる家族／個人と，受けられない家族／個人がいるのか？　言い換えると，なぜ日本の家族制度は中立的ではないのか？

1 はじめに

▶ 「家族」の多様化と政治性

┃ 多様化する家族——晩婚化・未婚化・少子化の影響 ┃

　現代の日本では，「家族（family）」の多様化が進み，「家族」をめぐるさまざまな変化や事件が社会的関心を集めている。

　厚生労働省が発表している「人口動態統計」によると（国立社会保障・人口問題研究所 2014），初婚年齢はこの 100 年の間に男性で約 5 歳，女性では約 7 歳も上昇している（1910 年の男性の初婚年齢は 27.9 歳だったが，2010 年には 32.5 歳に，女性は 23.0 歳から 30.3 歳まで上昇）。最新の 2012 年のデータでは男性 32.9 歳，女性 30.7 歳まで上昇しており，晩婚化はさらに進んでいる。

　一度も結婚しない未婚者の割合も急増している。2010 年の最新の国勢調査（国勢調査は，調査時点で日本に 3 カ月以上暮らしている〔あるいは暮らす予定のある〕外国人も含めたすべての人を対象とする，日本で唯一の全数調査であり，5 年ごとに実施され，さまざまな政策のもとになる重要な調査）によると，「生涯未婚率（50 歳時

2 ● CHAPTER 1 「家族」を読み解くために

点で結婚したことのない人の割合）」は，男性で20.1％，女性で10.6％に達している。1970年の段階では男性はわずか1.7％，女性でも3.3％にすぎず，1990年の段階でも男性5.6％，女性4.3％と微増にとどまっていたことから，この20年間の急増ぶりがわかるだろう。他方，離婚・再婚する人の割合は増加している。

　欧米の先進国とは異なり，「子どもをもつなら結婚するのが当然」といった価値観が根強く残る，すなわち，結婚と出産がセットで考えられている日本では，こうした晩婚化や未婚化といった結婚行動の変化は，少子化にもつながっている。基本的に，結婚や出産は1人ひとりの意思に基づく個人的な選択だが，それが結果として少子高齢化というマクロな社会構造の変化をもたらしている。

　家族形成をめぐるこうした変化と密接に関わりながら，就業する女性の増加，女性の高学歴化，非正規雇用の増加，格差の拡大や貧困の深化なども「家族」のあり方に変化を迫っている。

　以下では，「家族」と制度の関係を問う事例として，①独身者の増加によって顕在化している介護問題，②夫婦別姓（別姓とは氏を別にすること）をめぐる動き，③年金制度の負担の不公平問題，④寡婦控除制度における未婚で出産した女性の扱い，という4つの事例を取り上げる。

▌独身の子どもによる介護をめぐる問題

　近年，独身者が親を介護する際にぶつかる問題が新聞やテレビといったマスメディアで取り上げられることが多くなっている。典型的なのは，親の介護とフルタイムの仕事との両立が時間的に厳しくなって仕事を辞めたり，パートタイムの仕事に変えざるをえず，それによって経済的に苦しい状況に追い込まれる事例や，家庭という密室空間のなかで親子が孤立してしまう事例である。

　介護者である息子が親を虐待したり，時にはそれが死にも至ってしまうという痛ましい事件も起きている。こうした事件では娘よりも息子が加害者となることが多い。男性の場合には一般的に仕事や経済的な成功が女性以上に期待されているために，仕事や収入などで評価されない状況が男性をより追いつめやすいのだろう。また，日本では性別によって期待される役割が異なり，男性には働いて「家族」を経済的に支える役割，女性には家事や育児，介護といった

「家族」の面倒をみる役割が求められる傾向が強いため，介護中の男性は女性よりもアイデンティティに悩んだり，気軽にコミュニケーションをとる相手や場所をみつけることが女性以上に難しいのだろう。

これまでも高齢化の進行とともに，高齢になった親を誰が扶養し（＝経済的に生活を支え），誰が親の介護を担うのかは「家族」にとって大きな課題であった。しかし，かつては「親の扶養は長男の役目であり，年老いた親の介護は長男の配偶者（嫁）がするものである」という規範が強かったため，介護の問題は家族内で対応するのが当然とされていた。過酷な介護の問題は「嫁の問題」として，事実上，不可視化されていたのである。その負担の大きさがやがて介護保険の創設につながった面もある（上野 2011）。こうした介護問題の顕在化は，現代の家族問題を理解するためには，「家族」を歴史的流れのなかに位置づけてとらえる必要があることを示している。

▎夫婦別姓をめぐる動き

「家族」をめぐる価値観や意見も多様化している。現在，日本では結婚（法律用語では「婚姻」）する時に夫または妻のいずれかの氏を選択する「夫婦同氏原則」（民法750条）が定められているため，どちらの姓（氏）にするかを決めなければ結婚届け出は受理されない。ただし，この規定は夫婦がともに日本国籍を有する場合のみに適用され，国際結婚の場合は別途手続きをしない限り，結婚後も姓は変わらない。

夫婦がそれぞれ結婚前の姓を使いたいと思った場合には，結婚届を提出しないまま，実態として夫婦関係をもつ「事実婚」か，あるいは，結婚届を提出したうえで夫婦のどちらか一方が旧姓を使う「通称使用」といった2つの対応が広くとられている。しかし，「事実婚」の場合には配偶者の遺産を相続する時，住宅ローンを組む時などに不利な扱いを受けてしまう。また，「通称使用」は勤務先によっては認められないこともあるなど，希望する場面ですべて認められるわけではない。

1990年代以降，結婚時に改姓をすることの不都合があると訴え，夫婦それぞれが異なる姓を名乗ることができる「選択的**夫婦別姓**」などを求める声が高まり，民法750条の改正が提案されるようになった。また，内閣府が2012年

に実施した「家族の法制に関する世論調査」によると，（夫婦がそれぞれ異なる姓を認められるように）「法律を改めてもかまわない」と回答した人は59.5％と約6割に達している（内閣府大臣官房政府広報室 2012）。しかし，自民党内の保守派の議員を中心に「夫婦別姓は家族としての一体感をむしばむ」などを理由とした反対が根強くあり，実現していない。

　過半数の人々が賛成しているにもかかわらず，なぜ，「夫婦別姓」は政治家を中心とした反対により実現しないのか。また，なぜ「夫婦同姓」が日本国籍をもつ人同士の結婚だけに限定され，国際結婚には適用されないのか。こうした疑問は，人間が生きていくにあたって，お互いに支え合い，助け合い，認め合えるもっとも身近な存在としての「家族」のあり方を各自が自由に選択できるわけではなく，国家にとって望ましい家族の形があり，それにあわない家族に対しては一定のペナルティが課されている現実を示している。

「年金制度」と負担の不公正さ

　日本の**年金制度**では25年以上，保険料を納めないと年金を受け取れない。しかし，例外がある。夫がサラリーマンや公務員（第2号被保険者）であり，妻の収入が130万円以下の場合，その女性は保険料を納めずに年金を受けとることができる（第3号被保険者）。夫がその分を負担しているわけではない。夫が加入している年金（民間企業の場合は「厚生年金」，公務員の場合は「共済年金」）が代わりに負担しているのである。その原資は厚生年金や共済年金に加入している労働者と企業または官公庁が納めた年金である。サラリーマンが加入している「厚生年金」や公務員や教員などが加入する「共済年金」の場合，通常，自己負担は掛け金の半分であり，残りは勤務先が負担している。

　これに対し，自営業の妻は自分で保険料を負担しなければならない。同じ既婚者のなかでもなぜ夫の職業によって保険料の支払い義務が異なるのか。さらに不思議なのは，サラリーマンや公務員の夫がリストラや転職などで第2号の資格を失うと，夫は第1号被保険者となり，国民年金の保険料を全額，自分で負担しなければならなくなり，妻も第3号の資格を失って自分で保険料を払わなければならなくなる点である。こうした仕組みは，経済的に余裕がない人々の負担を軽減することよりも，サラリーマンや公務員の妻といった特定のカテ

ゴリーの人々を優遇することを重視しているように見受けられる。なぜこのような仕組みになっているのだろうか。また，この「第3号年金制度」が導入された時期が，1985年の「男女雇用機会均等法」の成立と同時期だったのは偶然なのだろうか。

「寡婦控除」における未婚で出産した女性の扱い

　合理性を欠くように思われる別の制度として，「寡婦控除」がある。同じ母子世帯のなかでも，夫と離婚あるいは死別した場合には年収のうち，27万円〜35万円を所得税から「控除」する制度である。前年度の年収をもとに納める税金額が計算されるが，「控除」の金額分を差し引くことが認められるため，「控除」が認められれば納める税金額が少なくなるというメリットがある。しかし，結婚せずに子どもを産んだ場合には，経済的な条件は同じであるにもかかわらず，「寡婦控除」は適用されない。それはいったいなぜなのか。認可保育園では，前年度に納めた所得税額をもとに保育料が決まるため，所得税が軽減されないことのデメリットは大きい。川崎市はこうした未婚で出産した母子世帯の母親に対する差別的な対応を改め，ひとり親家庭の支援政策の一環として，離別母子世帯や死別母子世帯と同様に寡婦控除を適用することを2014年6月に決定するなど（川崎市 2014），改善に取り組んでいる自治体もある。

　ここで挙げた事例やそれが生じている社会的背景を的確に読み解くためには，「晩婚化」「未婚化」「高齢化」といった社会現象に関する知識を得るだけではなく，「労働市場」「日本型雇用システム」といった制度，「ジェンダー」「性別役割分業」「無償労働」などの概念もあわせて学ぶ必要がある。

　本書では「家族」の変化や多様化の実態をデータに基づいて具体的に解説することに加え，こうした「家族」のもつ**政治性**にも目を向ける。社会学的なアプローチを用いて現代の「家族」を体系的・構造的に理解したうえで，みなさん自身が今後の人生を切り開いていこうとする際に，そして，個人や「家族」を取り囲む制度や政策，日本社会全体のありようなどを展望しようとする際に助けとなる知識や概念，考え方などをできるだけわかりやすく伝えることをめざしている。

本章はそのための導入の章であるが，2節では日本の「家族」のあゆみについて，統計データをもとに変化の一端をみてみよう。3節では戦後の「家族」のありようを根底で規定してきた近代社会の基本的な編成原理について概観する。ここでの重要なキーワードは「公的領域」「私的領域」「ジェンダー」である。4節では本書の視角，5節では各章の構成について述べる。

日本の家族の変化
▶ 世帯，ライフイベント，価値観に着目して

世帯構成の変化

　「世帯（household）」とは一般に「住居と生計を共にする人々の集団」を指す。行政用語としても広く用いられていることからもうかがえるように，誰が世帯員なのかは基本的に明確なので，時代による変化をとらえるには都合がよい。

　これに対して，一般に「血縁関係と婚姻関係に基づく集団」を指す「家族」ということばは，おそらく読者のみなさんが現在思っている以上に，実は複雑である。第2章でくわしく説明されるように，これまで家族社会学のなかでは「家族」とは何か，誰が「家族」に含まれるのかをめぐってさまざまな見解が示されてきたし，また，社会によっても時代によっても「家族」の内実は異なることが明らかにされている。そこで，まずは「家族」よりも曖昧さが少ない「世帯」のデータを用いて，日本の家族の変化の一端をみてみよう。

　1920年に実施された第1回国勢調査によると，「核家族世帯」は全体の55.3％，三世代世帯などの「その他の親族世帯」は38.2％，「非親族世帯」は0.5％，「単独世帯」は6.0％だった（表1-1）。ただし，1920年の国勢調査では「核家族世帯」の内訳──夫婦のみ世帯，夫婦と未婚の子ども，男親と未婚の子ども，女親と未婚の子どものいずれか──は公表されていないため，残念ながら内訳の変化は検討できない。

　2010年の最新の国勢調査によると，「核家族世帯」は実は90年前とほとんど変わらず，57.4％である。しかし，「その他の親族世帯」は38.2％から

CHART 表 1-1 「国勢調査」に見る 1920 年と 2010 年の世帯構成の変化 (%)

	1920 年	2010 年
核家族世帯	55.3	57.4
その他の親族世帯	38.2	10.4
非親族世帯	0.5	0.9
単独世帯	6.0	31.0

(出所) 国立社会保障・人口問題研究所 2014 より筆者作成。

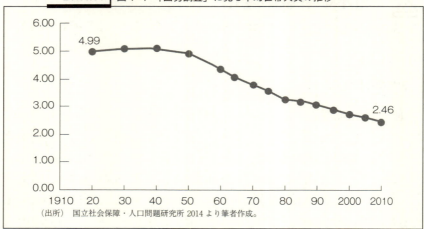

CHART 図 1-1 「国勢調査」に見る平均世帯人員の推移

(出所) 国立社会保障・人口問題研究所 2014 より筆者作成。

10.4％まで減少し，その代わりに「単独世帯」が 6.0％から 31.0％とほぼ 5 倍になっている。つまり，祖父母と孫が一緒に暮らす「三世代同居」のように，「核家族」以外の親族が一緒に暮らす割合は 4 分の 1 程度まで減少するとともに，ひとりで暮らす世帯が 5 倍に達している点で日本の家族は大きく変化したのである。

こうした世帯類型の変化は当然のことながら，世帯人数の縮小をともなっている（図 1-1）。1920 年の平均世帯人員数は 4.99 人と約 5 人だったが，高度経済成長期（1955 年から 1973 年まで）から減少し始め，2010 年には 2.46 人と 90 年間でほぼ半減している。

ライフイベントを経験する順序

近代になると，学校を卒業，就職，結婚という大きなライフイベントを経験

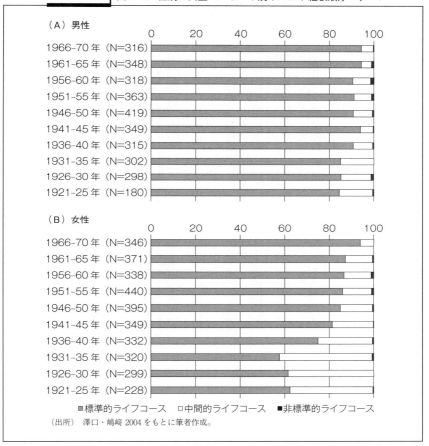

図1-2 性別・出生コーホート別イベント経験順序パターン

（出所）澤口・嶋﨑 2004 をもとに筆者作成。

する順序についても変化がみられる。図1-2と図1-3は，1999年に日本家族社会学会が実施した「第1回全国家族調査（NFRJ98）」を用いた分析の結果（澤口・嶋﨑 2004）をもとに作成している。

図1-2は人生のなかでの大きなライフイベント（学校を卒業，初めての就職，初めての結婚）を経験する順序を「標準的」「中間的」「非標準的」の3つに大別し，性別ごとに，生まれた年が近い5年を1つのグループとして分けた10グループ（出生コーホート）によってどのように経験する順序が変化してきたか，を示している。

「標準的」とされるのは，①卒業後に就職をし，その後に結婚（卒業→就職→

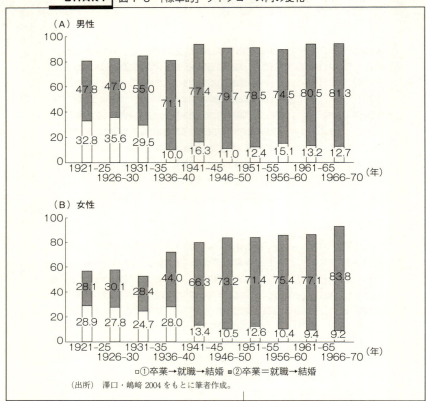

図1-3 「標準的」ライフコース内の変化

(出所) 澤口・嶋﨑 2004 をもとに筆者作成。

結婚),②卒業と同時に就職をし,その後に結婚(卒業＝就職→結婚),③卒業→結婚＝就職,④卒業＝就職＝結婚の4つであり,いずれも卒業を最優先する。「中間的」には,⑤就職→卒業→結婚,⑥就職→卒業＝結婚,⑦卒業→結婚→就職,⑧卒業＝結婚→就職の4パターンがある。「非標準的」は,卒業よりも就職や結婚を優先させるパターンであり,⑨就職→結婚→卒業,⑩就職＝結婚→卒業,⑪結婚→卒業→就職,⑫結婚→就職→卒業,⑬結婚→卒業＝就職の5つに分かれる。

男性の場合,約50歳の違いがあるにもかかわらず,「標準的」の割合はどのグループでも8割以上であり,一見したところそれほど変化していないような印象を受ける。

しかし,その内訳は変化している。図1-3は,全体のなかで①と②が占め

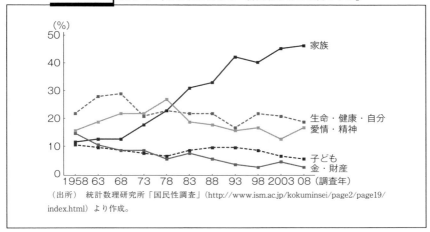

CHART 図 1-4 「あなたにとって一番大切なものは何ですか」

（出所）　統計数理研究所「国民性調査」(http://www.ism.ac.jp/kokuminsei/page2/page19/index.html) より作成。

る割合だけを取り出して作成したものである。男性の場合，②の卒業と同時に就職し，その後結婚するパターンが47.8％から81.3％と大きく増加している。女性は男性よりも「標準的」の割合がもともと少なかったため，男性より急激に「標準化」しているが，②は28.1％から83.8％と3倍近くに増加している。つまり，現在の日本では「あたりまえ」とみなされている，「学校を卒業すると同時に就職する」生き方を同じ世代の8割ぐらいの人が経験するようになるのは戦後のことであり，男性では1946年以降の生まれから，女性ではさらに20年遅れて1966年以降の生まれからである。

　人々が誰と暮らし，どのような順序で結婚などのライフイベントを経験するのか，という家族経験に着目してこの約1世紀を振り返ってみると，一見したところはあまり変化していないようにみえるものの，その実態は大きく変化していることがわかるだろう。

「家族が一番大切」と考える人の増加

　それでは，人々が「家族」に寄せる期待や思いはどのように変化してきたのだろうか。図1-4は統計数理研究所が1953年から5年おきに実施してきた「国民性調査」の結果を示している（53年の結果はデータ不詳）。「あなたにとって一番大切と思うものはなんですか。一つだけあげてください（なんでもかまいません）」と調査員が対象者に質問をし，（選択肢をあらかじめ用意せずに）自由

に述べてもらった回答を「生命・健康・自分」「子ども」「家族」「家・先祖」「金・財産」「愛情・精神」「仕事・信用」「国家・社会」「その他」「特になし」の10カテゴリーに分類し，そのうち5カテゴリーの割合をグラフにしたものである。

興味深いのは，1955年に始まった高度経済成長から間もない1958年には「生命・健康・自分」がもっとも多く，「家族」と答えた人は約1割にすぎなかったが，2008年にはほぼ5割に達している点である。この50年間に「家族」の価値は大きく上がったのである。これに対して，「子ども」と回答した人の割合は当時から半減している。「家族」の価値が上がる一方で，「子ども」の価値が下がるという変化は矛盾しているようにも思われる。こうした2つの変化をどのように理解できるのだろうか。ここには「家族」ということばで指示される対象の変化や，「家族」に人々が寄せる期待や実態の変化なども関係しているように思われる。みなさんはどのように考えるだろうか。

近代社会の編成原理とジェンダー

公的領域と私的領域

近代国家の成立や産業化（工業化）によって，社会やそのなかに含まれる集団（家族も含む）や個人を根底から規定する社会の編成原理は大きく変わった。日本では一般に，江戸時代が終わり，明治時代（1868年1月25日‒1912年7月30日）から近代化が始まったと考えられている。この社会変動の特質や原因などを明らかにするために社会学が誕生した。これまでの社会学の主要な研究やマルクス主義フェミニズムによる研究成果を踏まえつつ，近代における「家族／家庭」の位置づけを示したのが図1-5である。

中心産業が農業であった前近代では，「**有償労働**」を行う場である「**生産領域**」と家族が暮らす場である「**再生産領域**」の区別や境界は明確ではなく，近代社会のようにはっきりと分離していなかった。近代以降，「家族／家庭」は主に「**ヒトの生産**」を行う「**私的領域**」として位置づけられるようになった。

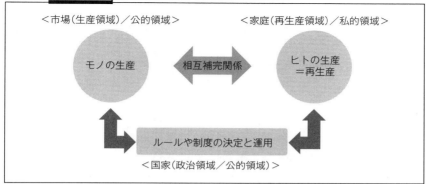

図1-5 近代における社会の編成原理

　企業が経済活動を行う**市場**では，お金を媒介として売り買いされる商品やサービスが生産される。他方，「家族」が生活を営む家庭には，働いた対価として報酬を受け取れる有償労働を市場で行う現役の労働者を支え，未来の労働者たる子どもを無償で育てることが求められるようになった。

　近代になって変化したのは，物理的な空間分離だけではない。重要なのは，それぞれの領域の担い手，各領域を秩序づける原理やそこで望ましいとされる価値観も異なっていた点である。つまり，男性が担う**公的領域**では「合理性」や「能力主義」，ものごとが計画どおりに遂行される「予測可能性」などが重視される。これに対して，職場から帰ってきた夫が翌日も元気に仕事ができるようにするために必要となるさまざまな家事，未来の労働者となりうる子どもを産み育てる出産・育児・子育て，けがや病気をして労働ができない状態にある家族構成員の生活の面倒や看病，高齢者の介護といったことを一手に家庭で担う女性は，合理性や能力主義，予測可能性といった近代的な価値観とは正反対の「非合理性」「属性主義」「予測不可能性」といった原理のもとにおかれたのである。イリイチは私的領域で担われる，経済的資源の得られない「**無償労働**」を「シャドウ・ワーク（shadow work）」と呼び，その「不可視性」を指摘した（イリイチ 1982〔1981〕）。

　空間分離に加え，各領域を根底で秩序づける原理や望ましいとされる価値観も大きく異なっていたうえ，各領域の担い手も性別によって異なっていたため，長い間，市場と家庭は分離した別々の領域とみなされてきた。しかし，1970年代以降，マルクス主義フェミニズムの研究者らが明らかにしてきたように

CHART 表 1-2 公的領域と私的領域の比較

	公的領域（市場，政治）	私的領域（家庭）
使命	・交換価値のあるモノやサービスの生産	・現在の労働者と未来の労働者の提供 ・労働者として働けない人のケア
担い手	男　性	女　性
原理や望ましいとされる価値観	・合理性 ・能力主義 ・予測可能性	・非合理性／感情・愛情の重視 ・属性主義（性別や年齢など） ・予測不可能性

（たとえばソコロフ 1987〔1980〕；上野 1985；千田 2010；伊田 2012），実は両者は相互補完関係にある（マルクス主義では「弁証法的関係」という表現が用いられる）。無償で労働者を提供してくれる家庭がなければ市場は存続できないし，資本主義体制のもとでは家庭も経済資源を市場から獲得しなければ存続できないからである。

　これに対し，財産の私的所有や市場における自由な経済活動によって特徴づけられる資本主義経済体制下で生じる不平等や貧困などの問題の解決をめざして登場したのが社会主義である。経済的には国家などの公的機関による生産手段の保有と計画経済，政治的には共産党による一党独裁によって特徴づけられる社会主義体制下では，家族が生活をするために必要な経済資源やサービスなどは国家から分配されることが前提とされていた（旧ソ連邦や東欧圏など）。

　図 1-5 には市場と家庭の双方に影響を与えると同時に，市場や家庭からも影響を受けている「国家」も描かれている。市場や家庭はそれぞれ，政府が望ましいと考える姿になるように，憲法や会社法，民法などの法律やさまざまな制度（社会保障制度など）によって規制を受けている。もちろん，国家が政治領域を独占しているわけではなく，選挙権をもつ国民，政党，NPO／NGO などのほかのアクター（行為者）も含まれ，各アクターの意志や行動によって法律や制度も変わっていくが，一般的には政府の影響力はもっとも大きい。こうした政治領域で大きな力をもつ国家も公的領域を構成していると考えられており，基本的には市場と同じく，「合理性」「能力主義」「予測可能性」といった原理が標榜・適用される。

14 ● CHAPTER 1 「家族」を読み解くために

セックスとジェンダー

このように，近代以降の社会では性別によって異なる期待や役割が割り当てられてきた。性別に基づく社会秩序を理解するために重要な概念として，「セックス（sex）」と「ジェンダー（gender）」がある。一般に「セックスは生物学的な性差」を意味するのに対し，「ジェンダーは社会的・文化的な要因によって規定される性差」と理解されている。ただし，最近では両者の違いは相対的なもの（＝程度の違い）であり，「セックスも実は社会的・文化的に作られている」という見方が出されている（千田 2013）。

「近代家族」では家族メンバーに期待される役割は性別によって異なり，それゆえに，家族経験もジェンダーによって大きく異なるため，「家族」について考えたり，学ぶためにはジェンダーの視点が不可欠である。社会学のなかでジェンダーの視点が取り入れられるようになったのは欧米で 1970 年代以降，日本では 1980 年代以降である。日本の家族社会学にジェンダー研究の視点の必要性が認識されたのは 1980 年代半ば以降だった（山根 1998）。

男性は公的領域の労働（有償労働）に，女性は私的領域の労働（家事や育児，介護などの無償労働）に主たる責任を負うことを前提とする分業体制のことを**「性別役割分業」**と呼ぶ。現在，欧米の大半の国々はこうした性別役割分業を解体する方向の政策を導入しているが，日本では依然として性別役割分業が根強く残っているため，日本の「家族」を読み解く際には，ジェンダーの視点が欠かせない。

4 本書の視角

このような個人や家族のあり方，変化や多様化を社会学の視点で読み解くのが「家族社会学」という領域である。戦後の日本の家族社会学の研究動向について，岩間（2010）の整理に基づいて大まかな流れを確認しておこう。

戦前から 1960 年前後までは「家」および親族組織に関する制度的・理論的研究が主流だったが，それ以降，アメリカ社会学の影響を受け，家族集団内の

関係性に焦点をあてる集団論的研究がこれにとって代わった（渡辺ほか 2004）。
1980 年代半ばになると，家族内での経験は一様ではなく，同じ出来事も人に
よって異なる意味づけをもったり，異なる経験になること（たとえば，妻の家族
経験と夫の家族経験は異なる）が認識されるようになり，集団論的アプローチに
批判が寄せられるようになった。集団論的アプローチに代わり，1990 年代後
半以降は個人に焦点をあて，個人からみた「家族」，あるいは個人がもつさま
ざまなネットワークの一部として「家族」をとらえるという意味での個人主義
的アプローチが興隆してきた。

　また，1970 年代までは家制度との比較で「家族」の変化を明らかにしよう
とするまなざしが色濃くみられた（牟田 1998）。家制度との比較によって，核
家族は「民主的な家族モデル」として研究者の間で肯定的に受けとめられる傾
向が強かったのである。核家族を理想の家族像の 1 つととらえる傾向が弱まり，
現実の社会変化と関連づけながら，より実証的に「家族」を分析する方向に関
心が移るのは 1980 年代以降である（木下 1996）。

　既述したように，1980 年代半ばにジェンダーの視点の重要性が認識される
ようになったが，同時期に欧米の歴史人口学の成果が日本にも伝えられ，歴史
社会学的アプローチを用いた実証研究が進んだ。その成果として，近代以降，
「家族」のあり方や「家族」への期待が「画一化」「標準化」されてきたことが
明らかにされた。日本では，大正期（1912 年 7 月 30 日－1926 年 12 月 25 日）に比
較的豊かな都市部の新中間層（サラリーマン，官吏，教員など）で「専業主婦」
が誕生し，高度経済成長期に庶民にも広がる「大衆化」が進んだ（落合 2004）。

　また，1999 年に日本家族社会学会が実施した「第 1 回全国家族調査
（NFRJ98）」をきっかけとして，計量的な手法を用いた家族研究が増加している。

　最近では，国際比較の対象として欧米の先進国だけではなく，韓国や中国，
台湾といった東アジアの国や地域などとの比較を行う研究も増えている。

　こうした研究動向を踏まえつつ，本書が重視したのは①国際比較データと歴
史資料に基づく「比較」の視点，②ジェンダーの視点，③地域や社会階層（職
業や学歴，収入，財産，威信，知識，文化，ライフスタイルなどの多様な資源によって
序列化された集団）などによる家族の多様性，④「家族」のもつ政治性・イデオ
ロギー性，⑤「家族」と制度の関連，⑥理論と実証のバランスを考慮した記述，

という 6 点である。

　まず，③を除くそのほかの重要性についてまとめて説明する。図 1-5 で示したように，「家族／家庭」は近代社会のなかで公的領域を背後で支える重要な役割をもつ社会の基礎単位として位置づけられてきた。「家族」はこうした重要性をもつために，国家や市場から政治的圧力を受ける存在であり，国家や市場，支配層からみて望ましい存在であるかが常に問われてきた。1945 年の日本の敗戦により，核家族が民主的モデルとして家族社会学者のなかでも肯定的に評価されてきた歴史が示すように，ともすれば特定のイデオロギーに基づいて「正しい家族像」「理想の家族像」が語られる危険性がある。こうした「家族」がもつ政治性を意識しつつ，できる限り「相対化」し，より「客観的」に日本の「家族」をとらえるために，他国との比較や過去の「家族」との比較，ジェンダーなどによる家族経験の比較を行うこと，そして，データや資料を用いた「実証性」と，それらを体系的に理解するための「理論」のバランスをとることが重要だと考えたのである。なお，①に関わっては，OECD（正式名称は Organisation for Economic Co-operation and Development であり，日本語訳は経済協力開発機構である。ヨーロッパやアメリカなどの先進国が加盟しており，国際経済全般に関する協議を目的とした国際機関。本部はパリにある。2014 年 9 月現在の加盟国は日本〔1964 年加盟〕や韓国〔1996 年加盟〕を含め，34 カ国である）のデータなどを用いる。

　③に関わって，戦後の日本の家族社会学では「家族」の階層差を取り上げた研究は少なく，全体としてみると，都市型の核家族が中心的に扱われてきた（岩間 2008, 2010）。しかし，実際には地域や階層による多様性が存在していた。本書の各章で示されるように，人々が「家族」に対して抱く期待や「家族」イメージの均質化は進行したが，同時にそれまでの地域ごとの違い（→第 2 章），国によって異なる福祉サービスの提供方法の違い（→第 3 章），「家族」がもつ社会経済的資源の違いによっても「家族」は規定されるため，現実の「家族」形態や「家族」内の関係性のあり方についてはさまざまな違いがみられたのである。本書はこうした地域差や階層差にも目配りしたいと考えている。

5 本書の構成

各章の「問い」の紹介を中心に，本書の構成を説明する。

第2章「『近代家族』の成立」では，「家族は，いつの時代にも変わらないか？　それとも歴史的に変化するか？」「家族をめぐる社会状況は近代化によってどのように変化したか？」という2つの問いを設定する。代表的な家族社会学や歴史人口学の研究成果を踏まえつつ，筆者が独自に作成した図表などを用いながら，日本の「家族」の歴史的な歩みを理論的・実証的に解説する。

第3章「家族・貧困・福祉」では，「家族形態によって貧困のリスクは異なるのか？　家族形態と貧困のリスクの関係は，国によって異なるのか？」「個人や家族を支える生活保障システムの日本的特徴は何なのか？　日本では家族にどのような役割が期待されているのか？」という2つの問いを軸に，「家族」と貧困に関する代表的な研究，福祉レジーム論／生活保障システムの類型，社会的包摂策などについて説明する。

第4章「結婚」では，「結婚とは何か（たとえば人々にとって結婚はどのような点で重要か，また法・制度は結婚をどのように規定しているか）？」「未婚化や離婚の増加は，結婚の衰退と考えられるか，あるいは現代社会に適応するための変化と考えられるか？」という2つの問いを設定し，マクロ（巨視的）な観点から結婚の機能，制度としての結婚や離婚などを説明する。最後の節では，パートナーシップの多様化についても取り上げる。

第5章「就業と家族」では，「日本の働き方の特徴は性別によってどのように異なるのか？　また，どのような変化が生じているのか？」「若い女性の間でキャリア志向と専業主婦志向のどちらが支持されているのか？　また，それはなぜなのか？」という2つの問いが検討される。さまざまな統計データに基づいて日本における働き方がジェンダーによって規定されている現状を確認するとともに，「ワーク・ライフ・バランス」の実現に向けた課題を提示する。

第6章「妊娠・出産・子育て」は，科学技術の発達が性と生殖の関係を変化させてきた重要性に着目し，「妊娠→出産→子育て」という一連の流れのなか

で子育てや家族関係をとらえ直すという新たな視点に基づいて,「日本はなぜ少子化しているか? 他の先進国と何が違うのか?」「日本で子育てするとき,どのような問題があるか?」という2つの問いを検討する。

第7章「親−成人子関係のゆくえ」では,これまで家族社会学のなかであまり取り上げられてこなかった中期から後期の親子関係に焦点をあて,「親−成人子関係は,近年どのように変化しているか? その社会的要因は何か?」という問いが設定される。先行研究の整理をもとにした理論的解説の後に,制度・政策の変遷を確認し,さらに,人々の意識の変化などに関するデータを用いて多角的に検討する。

最終章にあたる第8章「個人・家族・親密性のゆくえ」では,「多様化している家族や親密な関係を国家や社会が差別せずに認め,支援するために必要なことは何か?」という問いをめぐって,「親密性」や「親密圏」に関する最近の研究動向を紹介・検討するとともに,家族社会学の教科書では取り上げられることの少なかった①グローバル化とともに増加している国際結婚,②日本では「セクシュアル・マイノリティ／性的マイノリティ／性的少数者」と呼ばれている人々の存在に目を向ける。

日本の社会制度や政策では,「『日本人同士の異性愛に基づく性別役割分業型の家族』がいわゆる『家族』である」という暗黙の前提がおかれてきた。こうした前提が一般の人々の「家族観」を規定してきた面も大きい。しかし,実際にはこうした前提を超える多様な「家族」が存在しており,今後,ますます多様化する可能性も見込まれている。本書の最後では,多様な「家族」や多様な親密関係をもつ1人ひとりを社会のなかで公平に包摂するために何を考えたらよいか,誰もが人間として尊重される豊かな人生を送るために個人や「家族」を制度や政策によってどのように支えていったらよいか,を読者のみなさんが展望するにあたっての手がかりとなるよう,3つの選択肢を示す。

EXERCISE ● 課題

⬚ ①受講生全員で「家族」ということばから連想することをそれぞれ自由にコメント・ペーパーに書き,②それらを集め,内容などによって「家族」イメージを

CHART 図1-6　都道府県別の世帯構造と平均世帯人員（2010年：国民生活基礎調査）

	単独世帯	核家族世帯	三世代世帯	その他世帯	平均世帯人員
全国	25	60	8	7	2.59
北海道	32	58	4	7	2.27
青森	24	51	15	10	2.72
岩手	28	47	15	10	2.73
宮城	24	57	11	8	2.70
秋田	21	52	16	11	2.83
山形	15	51	22	12	3.16
福島	23	49	17	11	2.88
茨城	19	58	14	9	2.89
栃木	18	60	13	9	2.87
群馬	23	59	10	8	2.69
埼玉	21	67	7	6	2.66
千葉	23	64	7	6	2.64
東京	33	59	3	5	2.31
神奈川	27	64	4	5	2.51
新潟	21	52	17	10	2.86
富山	19	54	17	10	2.91
石川	21	57	13	8	2.84
福井	17	53	21	10	3.09
山梨	21	60	11	8	2.77
長野	21	56	14	10	2.83
岐阜	18	59	15	8	2.93
静岡	20	58	13	8	2.83
愛知	22	62	9	7	2.76
三重	23	59	11	8	2.69
滋賀	21	59	13	8	2.86
京都	29	60	5	6	2.44
大阪	29	63	4	5	2.46
兵庫	24	63	6	6	2.56
奈良	19	66	8	7	2.73
和歌山	23	62	8	8	2.62
鳥取	21	53	15	10	2.84
島根	28	49	14	10	2.64
岡山	28	55	9	8	2.57
広島	25	61	7	7	2.51
山口	25	60	7	8	2.49
徳島	24	56	10	10	2.60
香川	24	59	8	8	2.57
愛媛	28	59	6	7	2.42
高知	29	56	6	8	2.38
福岡	29	59	6	6	2.46
佐賀	20	55	16	9	2.95
長崎	26	59	7	7	2.56
熊本	22	57	11	9	2.76
大分	28	55	8	8	2.45
宮崎	27	60	5	8	2.45
鹿児島	32	59	3	6	2.29
沖縄	27	60	5	7	2.67

0　20　40　60　80　100　(%)

20 ● CHAPTER 1　「家族」を読み解くために

いくつかのタイプに分類し，③得られた類型をもとに，現代日本において「家族」に対してどのような期待が寄せられているのか，「家族」の実態はどうなっているのか，などについて意見交換をしよう。

② NHKのテレビ番組「プロジェクトX 挑戦者たち」で2000年5月2日に放映された「妻へ贈ったダイニングキッチン——勝負は一坪・住宅革命の秘密」（43分）は，戦後の劣悪な住環境の改善を目的として，東京への一極集中が始まった1955年にスタートしたプロジェクトの軌跡を描いている。このDVD（NHKエンタープライズ，2011年）を鑑賞し，①あらすじと登場人物をまとめ，②開発にあたった人々の視点や意見，役割などをジェンダーの視点に基づいて整理・議論しよう（男性，女性にまず分けて整理したうえで，さらに，男性内，女性内での違いを考えてみるのもよいだろう）。さらに余裕があれば，③日本独自の間取りと言われるダイニングキッチン（DK）について，当時の間取りと現在の間取りを比較し，共通点と相違点を調べ，そこからどのような家族の変化などが読み取れるか考えてみよう。

③ 図1-6は都道県別の世帯類型の違いを表したものである。①あなたが現在住んでいる，あるいは生まれ育った都道府県など，よく知っている都道府県の世帯構成がほかの都道府県と比べてどのような特徴をもつのかを確認したうえで，②なぜそのような特徴がみられるのかについて，たとえば年齢別人口，高齢化率，産業構造などの社会経済的要因に関する統計データや，その地域の歴史などと照らし合わせて考えてみよう。

引用文献　Reference ●

伊田久美子，2012「女性の貧困はなぜ見えにくいのか——再生産労働概念からの再検討」『現代思想』40（15）

イリイチ，I.，1982『シャドウ・ワーク』（玉野井芳郎ほか訳）岩波書店（原著1981）

岩間暁子，2008『女性の就業と家族のゆくえ——格差社会のなかの変容』東京大学出版会

岩間暁子，2010「日本における『社会階層と家族』の研究を振り返る——階層研究と家族社会学の架橋のために」『家族社会学研究』22（2）

川崎市，2014「川崎市寡婦（夫）控除のみなし適用の実施」（http://www.city.kawasaki.jp/259/page/0000059739.html）

木下栄二，1996「親子関係の展開と課題」野々山久也・袖井孝子・篠崎正美編『いま家族に何が起こっているのか——家族社会学のパラダイム転換をめぐって』ミネルヴァ書房

国立社会保障・人口問題研究所，2014『人口統計資料集 2014 年版』（http://www.ipss.go.jp/syoushika/tohkei/Popular/Popular2014.asp?chap=0）

牟田和恵，1998「家族制度・変動論の家族社会学における意味と意義」『家族社会学研究』10（1）（10 周年記念特集号）

内閣府大臣官房政府広報室，2012「家族の法制に関する世論調査」（http://www8.cao.go.jp/survey/h24/h24-kazoku/）

落合恵美子，2004『21 世紀家族へ——家族の戦後体制の見かた・超えかた〔第 3 版〕』有斐閣

澤口恵一・嶋﨑尚子，2004「成人期への移行過程の変動——学校・職業・家族の共時性」渡辺秀樹・稲葉昭英・嶋﨑尚子編『現代家族の構造と変容——全国家族調査（NFRJ98）による計量分析』東京大学出版会

千田有紀，2010「フェミニズム論と家族研究」『家族社会学研究』22（2）

千田有紀，2013「性別をとらえなおす」千田有紀・中西祐子・青山薫『ジェンダー論をつかむ』有斐閣

嶋﨑尚子，2008『ライフコースの社会学』学文社

ソコロフ，N.，1987『お金と愛情の間——マルクス主義フェミニズムの展開』（江原由美子ほか訳）勁草書房（原著 1980）

上野千鶴子，1985『資本制と家事労働——マルクス主義フェミニズムの問題構制』海鳴社

上野千鶴子，2011『ケアの社会学——当事者主権の福祉社会へ』太田出版

渡辺秀樹・稲葉昭英・嶋﨑尚子，2004「戦後日本の家族研究と NFR98」渡辺秀樹・稲葉昭英・嶋﨑尚子編『現代家族の構造と変容——全国家族調査（NFRJ98）による計量分析』東京大学出版会

山根真理，1998「家族社会学におけるジェンダー研究の展開」『家族社会学研究』10（1）

CHAPTER

第 **2** 章

「近代家族」の成立

KEYWORD

法律　制度　近代化　核家族　近代家族　直系制家族　地域差　平準化　人口ボーナス

QUESTION

1　家族は，いつの時代にも変わらないか？　それとも歴史的に変化するか？
2　家族をめぐる社会状況は近代化によってどのように変化したか？

1　はじめに

Ⅲ▶ 現代家族を理解するために

　家族は，ただ家族だけで存立しているものではない。家族は，社会状況や歴史の流れに影響を受け，変化しながら存在する。

　家族に影響を与える社会状況には，諸制度（たとえば憲法・民法や戸籍法，社会保障），産業構造，そして人々の価値観などがある。そのうちの**法律**や社会保障といった**制度**には，日本社会の**近代化**の過程で確立されたものが多い。日本社会の近代化は，19 世紀後半に始まり，第二次世界大戦後にも大きく進展した。しかし，すでに 21 世紀となった現在，産業構造も人々の価値観も大きく変容している。そこで，本章では，現代家族の現状と課題を理解する前提として，日本社会の近代化の過程において，家族と家族をめぐる社会状況がどのように変化したのか，そしてそれが現代家族の課題にどのように関連しているのかを理解することを目的とする。

　第 2 節では，家族の変化と近代化にかかわる諸説を紹介したうえで，2 つの問いを立てる。第 1 の問いは，家族は歴史的に変化するものなのかどうか，という家族そのものについての問いである。第 2 の問いは，家族に影響を与える社会状況が，近代化という社会変動のなかでどのように変化したのか，という社会状況についての問いである。さまざまな実証的研究やデータを参照しながら，第 3 節では，1 つめの問い（家族の歴史的変化）について考察し，第 4 節では 2 つめの問い（社会状況の変化）について考察する。最後に，第 3 章以降で現

24 ● CHAPTER 2　「近代家族」の成立

代家族が直面するさまざまな課題について学ぶための基礎的理解を得る。

 家族は歴史的に変化するか

核家族普遍説

　現代日本では，晩婚化・未婚化や，少子高齢化が進行している。そして実際の生活形態である世帯も，ひとり暮らし，つまり単身世帯が全世帯の3割を占めるようになっている（→第1章）。それにもかかわらず，政府の調査によれば，未婚者の9割前後は「いつかは結婚したい」と願っており，希望子ども数の平均はおよそ2人である（→第4章・第6章）。私たちの人生の目標となる生活として，夫婦と子どもという家族のかたちは，まだその力を失っていない。

　この「夫婦と未婚の子ども」という家族のかたちを，「**核家族**」という。なぜ「核家族（nuclear family）と表現するのだろうか。それは，《この家族形態は，あらゆる社会の家族のかたちに「核」として普遍的にみられる》という主張による。主張したのは，米国の人類学者マードックである。彼は，「核家族」を一組の夫婦（異性愛の夫と妻）とその未婚の子どもと定義し，1940年代当時の米国で収集されていた人類学的な調査データをもとに，この核家族が人間社会に普遍的に存在する最小の親族集団であると主張した。彼はこの集団を，典型的には①居住をともにし，②夫婦・親子・きょうだいという3種類の関係性を含み，③社会の存続に必要な4つの機能（性，経済，生殖，教育）を果たすものと考えた（マードック 2001〔1949〕）。これを「核家族普遍説」という（表2-1A）。

　この機能については，近代化にともなう「家族機能縮小説」がある（表2-1B）。たとえばバージェスとロックは，社会の近代化にともなって，家族が，しきたりや法律などの社会的圧力に従って成立する制度的家族から，構成員相互の愛情によって成立する友愛的家族に変容していくと唱えた。そして，その過程で，生殖と養育の機能，そして家族構成員相互の「情愛と文化の機能」が家族に残されるとした（Burgess & Locke 1945）。

　他方，パーソンズは，家族が近代化にともなって伝統的な大家族から小さな

核家族になり，「孤立化」しながら機能を担っていると考えた。形態は歴史的に変化するが，家族の機能として普遍的なものがあるという前提での，「核家族孤立化論」である（表2-1C）。家族に残された重要な機能は，「成人の情緒的安定」と「子どもの社会化」の2つで，また家族生活の維持のために経済活動と緊張緩和を夫と妻が役割分担することを想定した（パーソンズ＆ベールズ 1981〔1955〕）。

　以上のようなマードックやバージェスとロック，パーソンズの考え方を整理すると，形態については，家族が大規模で複雑な構成の親族集団から，小規模で単純な構成の核家族へと変化したという主張がある。また，家族の機能が，たとえば教育機能の多くを学校に，経済的機能の多くを企業にというように，近代社会での広範な社会的分業の発達とともに外部化され，情愛を中心とする数少ない機能に特化したという主張，しかし同時に，そのような歴史的変化や地域的多様性にもかかわらず変化しないもの・残るものがあり，それが核家族の形態とその機能だという主張が含まれている。

　これらの考え方が日本に知られたのは，第二次世界大戦後である。第4節で詳しく述べるが，当時の日本では，大日本帝国において制度化されていた「家」制度を伝統的で封建的なあり方，つまり「封建遺制」だと位置づけ，そこから脱却しようとしていた。日本の伝統的な家族は大家族であったと考えられ，他方，欧米化した新しい，近代的で民主的な家族のあり方は祖父母などの親族や使用人などの非親族を排除した，夫婦とその子どもだけの核家族と考えられた。新しい日本を築こうとする当時の社会状況において，核家族というかたちがいかなる時代にも普遍的で重要だという核家族普遍説や，近代化にともなう核家族化の主張は，時代適合的で好ましい理論として受け入れられたのであった。

　これらの考え方によれば，核家族は，孤立化という問題はあるものの，家族として最小の重要な形態であり，社会の基礎単位だと位置づけられる。同時に，その論理の裏返しとして，核家族ではない家族のかたちは一時的なもの，あるいはその機能を十分には果たせないと位置づけられる。たとえば，夫婦のみの家族は，子どもができる前の段階か，あるいは子どもが成長して独立したあとの段階で出現すべきものと想定される。また，ひとり親の家族や，祖父母と孫

CHART 表 2-1　家族のあり方に関するさまざまな主張

核家族に関する諸説	著名な主張者	内容
A. 核家族普遍説	マードック	核家族という形態は普遍的にみられる
B. 家族機能縮小説	バージェスとロック	家族は近代化にともなってその機能を縮小した
C. 核家族孤立化論	パーソンズ	核家族は近代社会に適合的だが孤立している
D. 近代家族論	ショーター，落合，ギデンズ，山田	核家族は近代化にともなって出現した歴史的形態である

で構成される家族，きょうだいだけで構成される家族などは，形態としても機能としても不全な状態だと考えられる。この観点を，現代の家族にも適用することができるだろうか。

核家族＝近代家族論

次に登場した有力な学説は，近代家族論である（表2-1D）。近代家族論では，社会の近代化，つまり産業化や近代国民国家の成立，宗教革命後の社会の世俗化にともなって，家族が核家族化したと考える。**近代家族**として想定される家族のあり方は，①かたちとして核家族であること，②家族のなかで情緒的絆が強まること，③夫婦が性別役割分業を行うことを特徴とする。夫婦とその未婚の子どもという家族の形態を，歴史的変動や地域的多様性を越えて普遍的で最小限の基礎単位であるとは考えず，近代という特定の時代において普及した形態であること，むしろ「近代家族」という歴史的形態があることを主張する（落合 1996）。

これらをもう少し詳しく説明しよう。①の家族形態は，近代家族論によれば核家族普遍説と同様，近代社会においては異性愛の一夫一婦制をとる夫と妻，そしてその子どもだけが家族となる。前近代までの家族には，直系親族（系譜の継承者と親子関係によりつながっている親族）や傍系親族（系譜の継承者ときょうだい関係を通じてつながっている親族），非親族が多く含まれて大家族だったが，近代化にともなって少人数の核家族になったと考えるのである。

この家族形態は，人々によって理想としてめざされることによって実現するのであって，自然に出現するのではない。たとえば，寿命の長さを考えてみよ

う。現代日本では寿命が大変長いので，短命だった昔に比べて，孫が生まれるときに祖父母が生存する確率は高くなっている。したがって，三世代同居を実現しやすいはずである。しかし，三世代世帯の比率は減少し続けている（→第1章）。したがって，日本の人々が三世代同居という形態を選択せず，核家族を選択しているのだ，と考えることができる。

　次に，②情緒的絆は，前近代の大家族よりもこのような少人数の近代家族において強まり，緊密な感情が夫婦や親子の間に生まれると考えられる。人々は，男女の恋愛によって互いを選び，愛情深い関係として夫婦になることが望ましいと感じるようになる。夫婦は愛し合うのだから，もちろん不倫や離婚は想定されず，生涯を添い遂げることが理想である。このような理想を，「ロマンティック・ラブ・イデオロギー」（→第4章）という。異性愛の男女が生涯愛し合い，その関係のなかで結婚し性関係を結び，結果として子どもを産み育てることを理想とする考えである。産業革命の起きた18世紀イギリス社会に始まり，西洋近代社会でブルジョワ階級（資産をもっている階級）を中心にして普及したといわれている（ショーター 1987〔1975〕）。

　夫婦の情緒的絆とともに，近代家族論において重要と考えられるのが，親子の情緒的絆である。子どもは愛し合う夫婦の性関係の結果となるから，愛の結晶として大切に考えられ，したがって親子の情緒的絆も強くなる。家族は子どもを中心とし，家庭は子どもを愛情深く育てる場と考えられるようになる。とりわけ，子どもが無垢で愛すべき，人生において特別な保護の期間（子ども時代）を必要とする存在であるという考えは，決して普遍的なものではなく，近代社会で誕生した心性である（アリエス 1980〔1960〕）。アリエスの研究が家族論に与えた影響は大きく，家族形態だけでなく，家族を構成する人々の情緒もまた，歴史的変化のなかで変容するのだという認識がもたらされた。さらに，母親のわが子への愛，つまり母性愛も近代化とともに変容したと論じたのが，バダンテールである。バダンテールは，近代のパリの捨て子の様相を描くことによって，母性愛が「プラスラブ」，つまり近代に新たに発明され付け加えられた新しい愛情なのだと主張した（バダンテール 1991〔1980〕）。ショーター，アリエス，バダンテールらの知見は，論証の緻密さを欠くという点で批判を受けたが，核家族の普遍性とその規範性を，心性という側面から歴史的に相対化し

28 ● CHAPTER 2 「近代家族」の成立

たという点で，非常に重要である。

さらに，③夫婦の性別役割分業については，前近代では夫婦ともに働くことがあたりまえだったが，近代家族をとり囲む近代社会は，西洋では大きく変動して工業化した。そこで，男性は労働者として雇用され，家族を扶養する主たる稼ぎ手となり，女性は家事・育児の主たる担い手になるという性別役割によって，家族生活が営まれることが典型となった。また，市民によって政治や経済が行われる公的領域と，プライベートな私的領域が分離され，家族は私的領域と位置づけられたことにより，女性が主婦としてもっぱら分担することになった家事・育児は私事（非社会的なこと）とみなされるようになった。

近代家族にみられるこのような男女間の性別役割分業は，近代家族論によれば，産業革命後の資本主義化・産業化の過程でつくられた分業形態である。そして，近代家族のロマンティック・ラブ・イデオロギーは，この分業体制がもたらす権力構造を愛の名のもとに覆い隠している（ギデンズ 1995〔1992〕）。他方で，ロマンティック・ラブ・イデオロギーは，男女が相互に選び選ばれる関係をもたらし，家族関係には愛情が必須だとする。ところが，愛情が常に安定的だとは限らないため，家族関係は一種のリスクになってしまった（山田 1994）。

このような近代家族論は，マードックの核家族普遍説やパーソンズの核家族孤立化論と明らかに相違する。異性愛の夫婦とその子どもという形態，そして夫婦の性別役割分業を，変化していく歴史的で一時的なあり方だととらえ，近代家族という家族のあり方がはらむ問題を指摘するからである。この考え方は，現代の私たちの家族について考えるときに，適用することができるだろうか。

これらにくわえて，近代家族論は，家族の歴史性に注目することによって，家族が近代国民国家の成立と深くかかわっていることを主張した点にも特徴がある。すなわち，核家族普遍説では伝統的と位置づけられていた戦前の家族のあり方を，大日本帝国によってつくられた，近代的要素をもつものだと位置づけたのである（落合 1989；上野 1994；牟田 1996；西川 2000）。では，近代国民国家の成立は，日本の家族にどのような変化をもたらしたのだろうか。

まとめと課題の確認

　以上，核家族にかかわる代表的な説を紹介した。はじめに紹介した核家族普遍説（表2-1A）は，歴史的変化や地域的多様性があることを認めるが，それでも普遍的な家族形態として核家族を想定し，これが社会の存続に不可欠な機能を果たすと主張する。そして，バージェスとロック（表2-1B）やパーソンズ（表2-1C）は，この普遍的とされた核家族が近代社会に適合的な形態であり，縮小された重要な機能を果たす不可欠なものだと考えた。他方，近代家族論（表2-1D）は，核家族の形態と機能が西洋近代社会において出現した歴史的産物であり，普遍的なものではないと主張する。家族の歴史的変化について，これらの考え方のどれが，現代家族を考えるためにより適切だろうか。また，家族の近代化は実際にはどのように生じたのか。次節では，実証的な研究や統計データを紹介しながら，検証していこう。

3　家族の地域的多様性と歴史的変化

母子関係中心説／ネットワーク論的家族論

　マードックの核家族普遍説が登場するとすぐに，西洋近代社会とは異なる多様な社会を世界各地で調査してきた人類学の分野から，異議が出された。反証の典型は，夫婦が同居せず，子どもが母親および母方親族のみと生活する母系社会で，インド・ケララ州のナヤール族が有名である。ナヤール族は，女性が儀礼的な関係の夫や複数の愛人をもちながらも同居せず，生家で一生を過ごし，子どもを産み育てる大家族を営んだ。しかし，18世紀からイギリスに統治され西洋近代化することによって，この母系大家族制が衰退したといわれている（ゴフ 1981〔1959〕）。

　また，核家族普遍説は，夫が主たる稼ぎ手であり，かつ家長であることを暗黙の前提としているが，カリブ海沿岸部では，母子が父親と同居せず，女性が家長として子どもを育てる割合が高いといわれている。これは「母中心家族」

（matrifocal family）と呼ばれ，カリブ海に近いメキシコや米国のほか，インドネシアにもみられる（ギアーツ 1980〔1961〕）。

このような母系家族の事例は，核家族普遍説からみると例外となる。しかし，これを例外扱いせず，包括的に理解できるように考えてみよう。マードックの核家族普遍説で家族の基礎単位とされた夫婦・親子・きょうだいという3種類の関係のうち，母子関係を普遍的なものと考え，夫婦関係を二次的なもので母子関係に結合するかどうかは多様であるとみればよい。たとえば，ナヤール族は夫が結合しないタイプである。一夫多妻制は，複数の母子が1人の夫を共有して結合していると解釈することができる。興味深いことに，近年のフェミニズムでは近代社会を乗り越えるために，社会の基礎単位として，核家族でも個人でもなく，母子関係を想定すべきだという主張が登場している（ファインマン 2003〔1995〕，→第8章）。

核家族普遍説が主張する「集団」という家族の要件に対しても，異論がある。原（1989）が取り上げた北極圏のヘアー・インディアンは，狩猟採集民で，家族的な関係は一定のタブーを守りつつ緩やかな関係性として編成されており，必ずしも集団の形態をとらない。坪内と前田も，マレーシアの農民社会において，養子縁組の認識のされ方を調査するなかから，彼らにとって家族は集団ではなく2者関係の累積として経験されている，むしろ「家族圏」と呼ぶのがふさわしいと主張した（坪内・前田 2009）。

家族を構成メンバーによる凝集性の高い集団とみるのではなく，核家族以外の社会成員との関係性にも注目する研究は，家族よりも広く血族・姻族の関係を含む親族のあり方のなかで，また非親族を含むさらに広い社会的ネットワークのなかで家族関係をとらえることになる。たとえばリトワクは，核家族が別居親族と強い結合を有していることを実証し，この関係性を「修正拡大家族（modified extended family）」と名づけて，パーソンズの核家族孤立化論に反論した（Litwak 1960）。

このように，母子世帯や一夫多妻の家族，そして核家族についても，見方を変えると違った姿がみえてくる。たとえば，母子世帯は，核家族普遍説からすれば夫が「欠損」した家族形態だが，母子関係中心説からすると家族のもっともコア（核）の形態である。そしてネットワーク論的家族論からみれば，母子

CHART 表 2-2　家族のあり方にかかわる実証的な諸説

実証的諸説	本書で名前を挙げた研究者	関連する説
母子関係中心説	ゴフ，ギアーツ	フェミニズム：ファインマン
ネットワーク論的家族論	原，坪内・前田，野沢	修正拡大家族説：リトワク
村落社会研究歴史人口学	姫岡ほか，大竹ほか，竹田ラスレット＆ハメル，ヘイナル，速水，落合	同族団論争：有賀，喜多野

世帯が，孤立しているかどうか，あるいは母方親族の強いサポートを得て「修正拡大家族」を形成しているかどうかなどが明らかになるのである。

日本の村落社会研究

　世界各地での家族の多様性については，上で述べたように人類学からそれを証明するさまざまな事例が出された。では，日本社会についてはどうだろうか。日本の家族についても，家族や親族のあり方を社会的ネットワークの観点からとらえ直した研究において，長男継承による**直系制家族**（→本章第4節）という指向性をどれほどもっているか，夫方と妻方の双系的な関係をもつのか，あるいは核家族として孤立化しているのかなどについて，実証的にさまざまな見解が出されている（野沢 2009）。

　第二次世界大戦以前についても，各地の多様な家族形態を報告する村落社会研究がある（大竹ほか編 1988；竹田 1992；姫岡ほか 2009）。そのなかで，日本の家族および親族のあり方として議論となってきたのは，同族団である。同族団とは，非親族を含みながら本家・分家関係として組織された家々の連合体で，特に東日本の農山漁村にみられたといわれている。同族団の本質が何かということについては，有賀喜左衛門と喜多野清一による論争が有名である。有賀（2000）は，「オヤ」と「コ」を本来血縁と無関係な経済的扶養関係であるとする民俗学者の柳田國男の影響を受け，日本の農山漁村社会を構成する原理を，主従的身分関係にもとづく生活集団としての同族団であると考えた。非親族と親族はともに同族の構成員となりえて，これが日本社会の特質的な構成原理だという主張である。これに対して，喜多野は経済関係とともに，同族の本質を家父長的な系譜関係にあると考え，非親族を構成員とする親方子方・親分子分

関係と区別して日本の同族的構成を論じた（喜多野 1976）。

同族団論争においては，親子もしくは親子的な関係性が血縁に基づかねばならないのかどうか，という点が問題の核心である。この点は，第6章であらためて考えたい。他方，同族団にみられる構成員相互，そして家相互の関係が経済的関係を重要な要素とする，という点については異論が出されていない。

この同族団とともに，日本における伝統的家族のあり方として論点となったものが，家制度である。川島（1977）は，大日本帝国において民法等によって制度化された「家」は，江戸時代の武士の家族制度を下地としながら，明治政府によって儒教イデオロギーを組み込んでつくりあげられたイデオロギーであり，実態としてある庶民の家々とは異なると主張した。この実態としての庶民の家，という主張の背景には，第4節でふれる大日本帝国として定められた法制度（表2-4）と異なる，家族の多様な慣行の存在がある。

さて，そのイデオロギーの目的は，君主に対する臣民の「忠」と，親（上位世代）に対する子（下位世代）の「孝」とを一致させることにより，大日本帝国における君主と臣民の関係を，強い情動的絆をともなう「家族国家」として組織化することにあった。血縁のない君主と臣民，上司と部下などの関係性を家族的ととらえていく観点は，上記の有賀の同族団理論も含めて，戦後には「擬制」として批判され，核家族化という「民主化」がめざされることになった。これを現代から考えると，「家」制度も家族国家観も大日本帝国という近代国民国家において構築された一時的な家族制度だったと位置づけられる。その近代的側面については第4節で述べよう。

歴史人口学

ところで，村落社会研究や歴史的な家族研究の蓄積に学びつつ，新たに豊富な史料によって「伝統的家族」の実証的研究を進めているのが，歴史人口学である。

歴史人口学は，1950年代にフランスのルイ・アンリが教会の記録（教区簿冊）を分析し，家族構成と個人のライフヒストリーを復元したことによって大きく進展したものである。イギリスのケンブリッジ・グループ（Cambridge Group for the History of Population and Social Structure）がこれをさらに発展させ，

CHART 表2-3　前工業化社会の家族に関する5つのドグマ（偏見）

① 家内集団は常に大規模であり，かつ親族構成は複雑であった。
② 家内集団の規模と構造の歴史的変化は，どこでも常に，大規模から小規模へ，複雑なものから単純なものへ一方的に変化した。
③ 工業化あるいは「近代化」の過程が，いつでもどこでも，②の一方向の変化をともなってきた。
④ 世界のあらゆる地域において，歴史のある時点において，始源的状況は自然的な世帯経済が一般的であった。
⑤ どんな世帯も，人口再生産の単位であるとともに生産の単位であった。

（出所）ラスレット 1988〔1988〕。

住民台帳を用いて大規模な世帯構造と人口史研究を実現した。歴史人口学は，さきに述べた近代家族論にも影響を与えているが，本章では，論点をわかりやすくするために，教区簿冊等の史料を統計的に利用し，広範な地域比較の視点をもつ歴史人口学と，多様な資料を活用し心性を重視する近代家族論とに分けて論じている。

　歴史人口学は，《社会の近代化にともなって，家族が一様に，大規模で複雑な構成と多様な機能をもつ伝統的家族から，小規模で単純な構成と機能をもつ近代家族へと変化した》という考えを，ドグマ（独断・偏見）だとして批判する（表2-3）。そして，世帯構造（「家内集団」domestic group：物理的に共有する空間で複数の機能を遂行する人間関係）については分類基準を提唱し，世帯の形成のされ方については諸地域を分類するなど，日本の家族のデータを含め，国際比較によってその多様性と共通性を実証しようとしている（ラスレット＆ハメル 2003〔1974〕；ヘイナル 2003〔1982〕）。

　日本に歴史人口学を導入したのは，速水融である。速水（2012）は，江戸時代の史料である宗門・人別改帳に注目し，家族や村落の変動，人々の移動，誕生・婚姻・死亡といったライフイベントの生起など，前近代社会の実証研究への道を切り開いた。

　その成果は多彩であるが，たとえば図2-1をみてみよう。これは，明治時代に入ってまもなくの1886（明治19）年に行われた『日本帝国民籍戸口表』から，速水が作成した地図である。1世帯あたりに，夫婦が何組含まれているかを示しており，地域差が明白である。東北地方では，1世帯に1組以上夫婦がいることが多く，中部から西南日本にかけては1組未満が多い。近畿地方はさ

34 ● **CHAPTER 2**　「近代家族」の成立

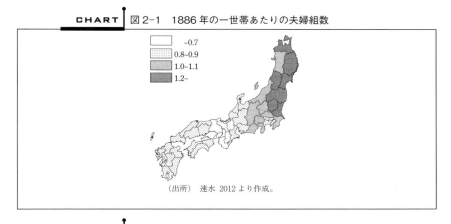

CHART 図2-1 1886年の一世帯あたりの夫婦組数

（出所） 速水 2012 より作成。

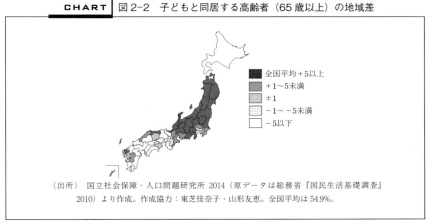

CHART 図2-2 子どもと同居する高齢者（65歳以上）の地域差

（出所） 国立社会保障・人口問題研究所 2014（原データは総務省『国民生活基礎調査』2010）より作成。作成協力：東芝佳奈子・山形友恵。全国平均は54.9%。

らに，夫婦数が少ない。つまり，東北地方では直系三世代など，複数の夫婦を含む世帯がより多く，中部から西南日本には核家族がより多く出現している。前近代の伝統的家族の実態は日本社会として一様なものではなかったのである。

ヨーロッパでも多様性がみられた。東ヨーロッパでは単独世帯はほとんど出現せず，傍系のきょうだい夫婦の同居を含む大規模世帯が広くみられたのに対して，イギリスでは，近代化の前から核家族的形態が広くみられ，若者が一時期単身，もしくは奉公先に寄宿する等のライフコースがとられたことが明らかにされている。

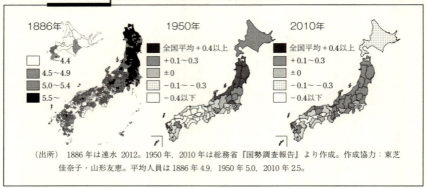

図2-3　1世帯あたり人員の地域差

（出所）　1886年は速水 2012。1950年，2010年は総務省『国勢調査報告』より作成。作成協力：東芝佳奈子・山形友恵。平均人員は1886年 4.9，1950年 5.0，2010年 2.5。

家族の近代化と地域差

　核家族普遍説や近代家族論に対して，以上のように実証的な立場からさまざまな研究が重ねられてきた。その結果，核家族普遍説をデータで裏づけることはできず，近代化という社会変動，**地域差**や階層差等の諸要素を考慮する必要があることがわかってきた。それでは，日本の家族は，社会の近代化にともなってどのように変化したのだろうか。いくつかのデータを用いて，家族の変化を示そう。

　図2-2は，65歳以上で子どもをもつ者について，子どもと同居している割合の地域比較である（子どもは未既婚を問わない。最多は山形県 74.3%，最少は鹿児島県 30.3%）。明治初期とは比較にならないぐらい高齢者人口が多い現代でも，おおよその傾向として全国平均と比べて東北地方は同居率が高く，西南日本は子どもと別居する傾向がある。図2-1の一世帯あたりの夫婦組数とは別種の統計で，データがとられた時期に130年ほどの開きがあるが，東日本と西日本には地域差があり共通性がみられる。

　次に示すのは，1世帯あたりの人員数の変化である（図2-3）。世帯の規模において，東北地方と西南日本に前近代から存在した地域差は，1886（明治19）年から1950（昭和25）年までの近代化過程では比較的明確に残っており，戦後から現代までの約70年間に全国的に世帯が少人数となるなかで曖昧になった。しかしまだ，東北地方は平均より多く，九州地方の福岡・大分・宮崎・鹿児島，四国地方の愛媛・高知，中国地方の広島・山口が西南日本としての特徴を残し

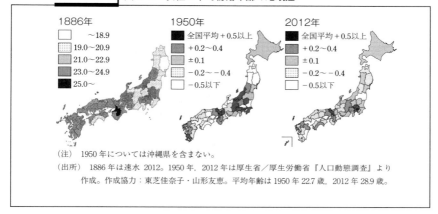

図 2-4 女性の平均初婚年齢の地域差

（注）　1950 年については沖縄県を含まない。
（出所）　1886 年は速水 2012。1950 年，2012 年は厚生省／厚生労働省『人口動態調査』より作成。作成協力：東芝佳奈子・山形友恵。平均年齢は 1950 年 22.7 歳，2012 年 28.9 歳。

ていることも注目される。

　次の図 2-4 は，家族をつくるきっかけとなる婚姻年齢の地域差と推移を示している。ここで，女性の初婚年齢を取り上げるのは，「何歳で結婚するのが好ましい」という適齢期の規範が男性よりも女性に強く課せられてきたことが統計上明らかだからである（国立社会保障・人口問題研究所編 2013）。

　図 2-4 左の速水の図から，近代初期には東北は早婚，都市部と近畿・九州では比較的晩婚であったことがわかる。しかし，すでに戦前から大都市部を中心とする晩婚化が生じ，その後全国的な晩婚化が進行するなかで，東北日本と西南日本の差がほぼ消失した。

　以上，家族にかかわるいくつかのデータの地域的多様性や歴史的変化を取り上げてみた。これらから推測されることは，次のとおりである。

①東北日本と西南日本といった前近代的な地域差は，19 世紀後半から現代まで，いくぶん曖昧になりながらも残る（図 2-2 の例）。

②東北日本と西南日本の地域差は，19 世紀後半から第二次世界大戦敗戦までのおよそ 60 年間は明確に存在したが，その後，現代までのおよそ 70 年間に曖昧になった（図 2-3 の例）。

③東北日本と西南日本の地域差は，すでに戦前から小さくなる傾向が見られ，現代までの 70 年間に消失した（図 2-4 の例）。

　したがって，《前近代の日本社会には一様な伝統的家族があった》とも言えないし，《全国で一様に伝統的家族から近代化した》とも言えない。家族にか

かわる一部の特徴については，近代化が始まって130年後の現代にも，前近代社会と同様な地域差が存在し，また一部の特徴については，地域差がなくなった。そして，その変化は，特に第二次世界大戦後の70年間に大きかったといえる。このように差異のなくなる現象を**平準化**という。近代化の特徴である。

では，これらの家族に影響を与える社会状況は，どのように近代化したのか。そして，それは家族にどのような変化をもたらしたのか。これを次節で検討しよう。

4. 家族をめぐる社会状況の近代化

家族制度の近代化

社会の近代化が家族に与えるもっとも大きな変化は，近代国民国家によって，家族の関係性が制度化されたという点である。表2-4に，1898（明治31）年に制定された民法と現行民法から，共通点と特徴的な相違点をまとめた。

まず，その共通点として，婚姻の成立を「届け出」をもってすることがある。婚姻は，人々が家族を形成するための重要な契機である。たとえば，前近代の日本社会において婚姻の社会的承認は，近隣・親族による結婚式など，儀礼によって行っていた。しかし，大日本帝国の成立後，国民は戸籍法によって管理され，そのもとでさらに民法により家族および親族関係を規定されることになった。家族の近代化とは，何よりもまず，このように国民国家による法制度のもとで家族関係が規定されることにほかならない。

次に，相違点を述べる。大日本帝国では，家族とは戸主のもとに同じ氏をもち戸籍に束ねられた「家」のメンバーを指し，さらにそれを取り巻いて親族関係が非常に広範囲に規定された。「家」は氏を同じくするだけでなく，戸主によってその家督（その家の財産，および系譜継承権・墳墓等所有権）が独占的に継承されたことから，「家」は経済的な扶養を担う集団であると同時に，系譜を同じくする祖先祭祀を行うという意味で宗教的な集団とされたことは明らかである。

38 ● CHAPTER **2** 「近代家族」の成立

CHART 表2-4　家族制度の比較（表中の数字で特に断りのない場合は民法）

	大日本帝国（戸籍法1871年制定，民法親族編1898年制定）	日本国（日本国憲法1946年制定，戸籍法1947年全面改正，民法1948年全面改正）
婚姻関係	規定なし	憲法14　両性の平等 憲法24　両性の合意
婚姻の成立	775　届け出	739　届け出
親族関係	725　配偶者・その三親等までの姻族・自分の六親等までの血族	725　同左
家族の定義	732　戸主の親族でその家に在る者とその配偶者	規定なし
戸籍に記載される者	戸籍法18　戸主及びその家族	戸籍法6　夫婦及びこれと氏を同じくする子ども
氏	746　戸主及び家族はその家の氏を称する	750　夫婦同氏
戸主権と相続	戸主とは，戸籍筆頭者で，独占的な家督相続人である 987　特権として系譜・祭具・墳墓所有権をもつ 747　戸主はその家族に対して扶養の義務 749　ほか　戸主の同意権——戸籍の異動に関わる全て	戸主の規定なし，財産は均分相続 897　系譜・祭具・墳墓所有権は慣習に従う
夫婦関係	765　婚姻年齢は男満17歳，女満15歳以上 788　妻は夫の家に入る 789　妻は夫と同居の義務，夫は妻を同居させる義務 790　夫婦は互いに扶養の義務 798　夫は婚姻費用負担の義務。妻が戸主のときは妻が負担 801　夫は妻の財産を管理 804　日常の家事については，妻は夫の代理人 766　重婚の禁止 818　離婚提訴（配偶者が重婚，妻が姦通，夫が姦淫罪で有罪他）	731　婚姻年齢は男18歳，女16歳以上 戸籍法16　婚姻により新戸籍を作成 752　夫婦は同居の義務 752　夫婦は互いに扶養の義務 760　夫婦は婚姻費用負担の分担義務 732　重婚の禁止 770　裁判離婚（配偶者が不貞他）
親子関係	820　婚姻中に妻が妊娠した子の父は，夫と推定する＋離婚後も一定日数推定（婚姻後200日～解消300日以内） 822　820推定を父は否認できる 827　嫡出でない子（私生子）を父が認知すれば庶子 877　子はその家の父の親権に服す（父不明・死亡・離家・不能のときは母）	772　同左 774　772推定を父は否認できる 818　①未成年の子は父母の親権に服する 　　　②親権は，父母が婚姻中は父母が共同して行う

4　家族をめぐる社会状況の近代化　● 39

この家族および親族には上下関係がある。最上位に戸主，次に戸主の直系尊属，その次に戸主の配偶者，戸主の直系卑属とその配偶者，戸主の傍系親族とその配偶者，非親族である（旧戸籍法第19条）。ここに，「直系制家族」という明らかな家族制度をみることができる。この直系は，年上の世代を「尊属」とし，年下の世代を「卑属」と呼ぶことに示される長幼の序，世代に基づく上下関係を原理とする。

　また，戸主とは，原則として嫡出（法律上の婚姻関係にある男女の間に生まれた子）の長男であり，嫡出の長男がいない場合には，非嫡出の長男が嫡出の長女に優先した。したがって，世代間の上下関係に加えて，表2-4の婚姻関係，婚姻の成立や，夫婦関係，親子関係に明らかなように，大日本帝国における家族制度，つまり「家」制度は男女差別をもう1つの原理としているといえる。

　以上から，大日本帝国による家族制度の近代化の特徴は，①国家への届け出を基盤とする単一の家族制度を全国に敷いたこと，②氏を同じくし祖先祭祀を行う系譜としての家制度を確立したこと，③世代による尊卑の序列，④性別による差別，の4点にまとめることができる。

　第二次世界大戦後の家族制度では，①は同様であるが，②はその系譜性と宗教性を失った。戸籍が夫婦・親子のみで構成され，編成と解体を繰り返すよう規定されたからである。戦後の戸籍制度が規定する家族関係に戸主はなく，親子二世代の核家族の形態と定められている。③は広範囲な親族規定や「尊属」「卑属」という表現がまだ残されているが（民法736条，793条，798条，805条など），批判が出されている。

　④は，憲法によって明確に男女平等が規定された。「近代化」が何を意味するのかという問題にかかわるが，近代化が，多くの西洋諸国でそうであったように男性のみに市民権を与え，家族に対する家父長権を保証していくプロセスであったとすれば，大日本帝国の「家」制度もまた，日本の多様であった家族の慣習を一様に制度化し，近代化するものだったといえよう。しかし同時に，近代化が有する根幹の要件の1つとして平等な人権があるならば，戦後日本の家族制度は，「家」制度から新たな近代家族の時代へと舵を切ったのである。

近代家族に残された不平等

とはいえ，第二次世界大戦後の家族制度のもと，新たな近代家族において残された問題と，また新しく生じた問題があった。

残された問題には，第1に，制度として家族関係が平等になったにもかかわらず慣習として残った不平等，第2に，法制度として残された不平等の2種類があった。前者の例は，婚姻時の氏の選択である。前近代の日本社会においては，氏は，一部の民のみが臣下として天皇から賜るものであり，夫婦は別氏であった。しかし，大日本帝国において全国民が氏をもたねばならないと定められ（平民苗字必称義務令1875〔明治8〕年），また民法親族編により妻は夫の氏を称することとなったことから，女性が結婚すれば夫の氏に変更することが通例となった。戦後には夫婦同氏とされ，いずれの氏を選択してもよいことになったが，戦前の制度が慣習として残存した（→第1章）。2005年の時点で，夫の氏を選択するものは96.3％である。この慣習は，是正すべき女性差別であるとして，女性差別撤廃条約に基づき，国連から勧告を受けている（女子差別撤廃委員会2009）。もっとも，夫の氏を選択する割合は少しずつ減少しており，特に近年に増加している再婚においては，妻の氏を選択する割合が増えている（夫婦とも再婚の場合，9.0％。厚生労働省2006）。

法制度に残された不平等の例としては，民法における婚姻年齢の男女差別（731条），離婚後300日以内に生まれた子の父を元夫と定める嫡出子の推定（772〜774条）が現代でも存在する（表2-4）。また，国際結婚においては1974年まで，母親が日本国籍の場合子どもの日本国籍は認められなかったし（父親が日本国籍の場合のみ認められた），財産相続において，妻が夫との財産の共有として対等な2分の1の相続を法的に認められたのは，ようやく1981年であった。

産業の近代化と家族

新たに生じた問題は，家族に影響を与えるもう1つの社会状況，つまり産業構造の変化と関係する。前節でみたように，19世紀後半から第二次世界大戦直後まで，家族の変化は比較的緩やかであり，その後現代までにその一部の特

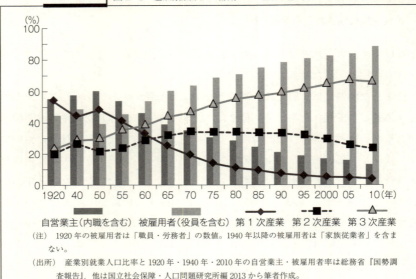

CHART 図2-5　産業別就業人口の割合，および全就業者に占める事業主・被雇用者率の推移

凡例：自営業主（内職を含む）　被雇用者（役員を含む）　第1次産業　第2次産業　第3次産業

(注)　1920年の被雇用者は「職員・労務者」の数値。1940年以降の被雇用者は「家族従業者」を含まない。

(出所)　産業別就業人口比率と1920年・1940年・2010年の自営業主・被雇用者率は総務省『国勢調査報告』，他は国立社会保障・人口問題研究所編2013から筆者作成。

徴が急速に変化した。この背景となる変化を，図2-5 にまとめた。産業別の就業人口（折線グラフ）は，戦前にも変化がみられるものの，就業者の約半数は第一次産業に就いていた。1950 年以降，第一次産業就業者が急減し，第三次産業就業者が増えた。また，従業上の地位（棒グラフ）についても，被雇用者は 1950 年まで 4 割前後であったが，その後から現代までに第二次産業・第三次産業に就業するいわゆる会社員が急増し，「働く」といえば企業等で雇用されて労働することが一般的になったのである。

家族が経済的扶養をともなう関係性であることは，すでに述べてきたとおりであるが，このような産業構造や働き方の変化にともない，戦後日本がめざした社会保障制度は，企業での年功序列による昇進と終身雇用，家族賃金（夫が妻子を扶養することを前提とした賃金システム）を前提にした国民皆年金制度であり，企業に雇用される男性と彼に扶養される妻子，つまり近代家族の世帯を典型的単位とするものであった。近代家族を社会の基礎単位とするこのような福祉国家のあり方は，日本だけでなく近代西洋の福祉国家全般にみられるものであって，その家父長制的性格は Pateman（1998）が指摘するところである。日本では，それが戦後社会において成長した私企業に依存しながら，確立された。

この点については，第3章で詳しく論じる。

家族と社会状況の近代化

　以上，家族に大きな影響を与える法律と産業という2つの社会状況について，19世紀の近代化から第二次世界大戦後の近代化までの変化をたどった。その結果，①制度において，近代から現代にいたるまでに，大きく2度の近代化を経て，第二次世界大戦後に「近代家族」が社会の基礎単位となったこと，②産業構造においては第二次世界大戦前には緩やかな近代化が進行し，第二次世界大戦後に急速な変化があったことを確認した。

5　近代家族と近代化

　本章では，家族の変化，および家族に大きな影響を与える社会状況として法的制度と産業構造の近代化を検討してきた。家族は，第1章や本章でみたように，多くの点で近代化によって変化し，特に戦後から現代までの70年間に大きく変化した。また，人々の働き方も，産業構造の変化とともに，特に戦後から現代までに大きく変化した。日本社会の戦後の社会変動は，家族のあり方も含め，非常に大きかったといえよう。

　他方で，家族にかかわる制度は，戦後に新たな「近代家族」を基礎単位として以後，大きな変化がない。したがって，近代化における実態としての家族，家族制度，産業構造の変化のしかたにはずれがあり，そのずれは，特に戦後から現代までの間に大きくなっていると推測される。このようなずれが，今，家族にとって問題的な状況をもたらしているのではないだろうか。次章以降では，このことを念頭において，現代の家族がかかえる諸問題について考えていこう。

　さて，本章では，家族そのものの変化や，家族制度や産業構造の変化をみてきたが，最後にもう1つ，家族に非常に大きな影響を与える社会変化について述べておく。人口変動である。

　近代化は，世界人口の急激な増加をもたらした。世界人口は，1650年から1850年の200年間で2倍（約13億人）に増えたあと，1950年までの100年間

5　近代家族と近代化　●　43

Column ① 圧縮された近代と家族

　近代化という社会変動は，西欧社会の主導のもと，世界を巻き込んで進行した。そのため，西欧社会で生じた変動が近代化のモデルとして考えられてきた。

　しかし，西欧社会の近代化は非西欧社会の植民地化に支えられて可能となったものである。第二次世界大戦後には植民地が独立して，急速に近代化を推し進めることになった。それらの国々は，西欧社会とは大きく社会状況が異なる。植民地化によって前近代的社会が大きくダメージを受けた状態にあり，かつすでに先進国となっている国々から近代的な知識・技術等がもたらされる状態のなかで，新たに近代化に取り組まねばならなかった。

　人口変動には，その相違が明白に表れている。たとえば，西欧社会では多産多死から少産少死へと変化するのに 100 年，150 年をかけることができた。しかし，植民地だった国々では，先進国からの保健医療的知識・技術の導入により，少死化が非常に短期間で達成され，それが急激な人口増加を引き起こしたため，人口政策によって急速な少産化を実現した。このように，近代化が西欧社会に比べて非常に短期間で達成される現象を，チャン・キョンスプは「圧縮された近代」と表現している（Chang 2010）。

　家族が果たす機能も，西欧社会的な近代化論では縮小したという主張がなされてきたが，チャンは，韓国ではむしろ家族が果たす機能が非常に拡大されることによって，近代化が可能になったと述べている。日本の家族はどうだったのか，考えてみよう。

で 2 倍の約 25 億人，次には 1988 年までのたった 38 年間で 2 倍の約 50 億人になった。この点で，近代化は世界史上，非常に特異で急激な変化だといえる。

　人口の増加は，出生率も死亡率も高い「多産多死」の状態から，出生率が高いままで死亡率が低下する「多産少死」への変化において生じた。前近代の「多産多死」の時代にも，長寿の人々は存在したが，現代から比べれば，はるかに少数であった（1884〔明治 17〕年の人口に占める高齢者の割合は 5.7％。国立社会保障・人口問題研究所 2013）。つまり，近代まで，家族には高齢者問題はほとんど存在しなかったといえる。また，子どもも多く死んだ。江戸時代の乳幼児死亡率は 16 〜 20％といわれている。2 歳になるまでに 5，6 人に 1 人が死ぬという確率である。もちろん，20 歳になるまでにはもっと多くの子どもたちが

44 ● CHAPTER 2 「近代家族」の成立

死んだ。女性は，妊娠・出産を経験する10代後半から40代半ばまで，男性よりも死亡率が高かった。これらの高い死亡率が，人々の平均寿命を押し下げていた。明治初期の女子の寿命（0歳のときの平均余命）は，33歳である。つまりは，親は子どもに先立たれ，子どもは特に母親と死別することがよくあったのである。

しかし，近代以降，日本社会は順調に寿命を伸ばしてきた。死亡率が低下し始めたあと，出生率も下がって「少産少死」となっていった。このとき，社会は一時的に，高齢層も若年層も少なく，労働力となる中間年齢層だけが多くなる。これをいわゆる「人口ボーナス」といい，被扶養者が少ない社会での豊富な労働力として経済成長に利用することができる。日本では，第二次世界大戦後の高度経済成長期がそれに該当する。これがまさに「近代家族」の時代であった。

この「近代家族」の時代の家族は，それまでの家族と非常に違っている。前近代社会では死亡率は高く，「多産多死」とはすなわち，家族関係が死別によって途切れやすいことを意味していた。しかし近代になると，人々があまり死ななくなるので，家族関係が長く保たれうるのである。近代家族の特徴とされる強い情緒的絆，つまり夫婦間のロマンティック・ラブ・イデオロギーも，親子の情緒的絆も，人々がお互いに長生きしてこそ実現可能である。

しかしまた，人々が長く生き延びることによって，情緒的絆がどれほど長く続きうるものなのかが試されることにもなる。たとえば自らの人生を80年として，そのうちの60年間を1人の配偶者と愛し合い続けることが，誰にも可能だろうか。死亡率の低下という人口学的条件は，誰もが，近代家族の理想の実現を自分の人生において問われる事態をもたらした。

現代の私たちは，このような人口学的条件のもと，自分はどのような人生を生きるべきか，家族をどのようにつくればよいのか，悩み，考え，選ばなければならなくなっている。しかも，家族の現状と社会状況は，「近代家族」の想定を超えたものとなっている。次章以降で，より詳しく考えていこう。

EXERCISE ●課題

① 家族の形態や家族生活にかかわる項目（単独世帯や初婚年齢など）を1つ選び，政府の統計データベースからデータを検索し，その年次推移と都道府県別数値を調べよう。それらのデータをもとに，地域的な多様性と歴史的な変化について，本章の例と比較して論じてみよう（参考 URL 政府統計の総合窓口 e-Stat：http://www.e-stat.go.jp/）。

② 現代にも残る，家族制度の問題点（夫婦の氏の選択や嫡出子推定など）を1つ取り上げ，法律と慣習の両面から具体的に問題点を明らかにしよう。

引用文献　　　　　　　　　　　　　　　　　　　　　　　Reference ●

アリエス，P., 1980『〈子供〉の誕生——アンシァン・レジーム期の子供と家族生活』（杉山光信ほか訳）みすず書房（原著 1960）

有賀喜左衛門，2000『日本家族制度と小作制度〔第2版〕』（上・下）（有賀喜左衛門著作集1, 2）未來社（原著 1943）

バダンテール，E., 1991『母性という神話』（鈴木晶訳）筑摩書房（原著 1980）

Burgess, E.W. & H.J. Locke, 1945, *The Family: From Institution to Companionship*, American Book

Chang, K., 2010, *South Korea under Compressed Modernity: Familial Political Economy in Transition*, Routledge

ファインマン，M.A., 2003『家族，積みすぎた方舟——ポスト平等主義のフェミニズム法理論』（上野千鶴子ほか訳）学陽書房（原著 1995）

ギアーツ，H., 1980『ジャワの家族』（戸谷修・大鐘武訳）みすず書房（原著 1961）

ギデンズ，A., 1995『親密性の変容——近代社会におけるセクシュアリティ，愛情，エロティシズム』（松尾精文・松川昭子訳）而立書房（原著 1992）

ゴフ，K., 1981「ナヤール族と婚姻の定義」村武精一編『家族と親族』未来社（原著 1959）

ヘイナル，J., 2003「前工業化期における二つの世帯形成システム」（浜野潔訳）速水融編『歴史人口学と家族史』藤原書店（原著 1982）

原ひろ子，1989『ヘヤー・インディアンとその世界』平凡社

速水融，2012『歴史人口学の世界』岩波書店（原著 1997）

46 ● CHAPTER **2** 「近代家族」の成立

姫岡勤ほか，2009『むらの家族』日本図書センター（原著 ミネルヴァ書房，1973）

女子差別撤廃委員会，2009『最終見解』内閣府訳（http://www.gender.go.jp/）

川島武宜，1977『イデオロギーとしての家族制度』岩波書店（原著 1957）

喜多野清一，1976『家と同族の基礎理論』未来社

鬼頭宏，2000『人口から読む日本の歴史』講談社

国立社会保障・人口問題研究所，2010『第14回出生動向基本調査独身者調査』（http://www.ipss.go.jp）

国立社会保障・人口問題研究所編，2013『人口の動向 日本と世界——人口統計資料集 2013』

国立社会保障・人口問題研究所編，2014『人口統計資料集 2014 年版』

厚生労働省，2006『平成 18 年度婚姻に関する統計（人口動態統計特殊報告）』（http://www.e-stat.go.jp/）

ラスレット，P.，1988「日本からみたヨーロッパの世帯とその歴史」（酒井利夫訳）斎藤修編『家族と人口の歴史社会学——ケンブリッジ・グループの成果』リブロポート（原著 1988）

ラスレット，P. & E.A. ハメル，2003「世帯構造とは何か」（落合恵美子訳）速水融編『歴史人口学と家族史』藤原書店（原著 1974）

Litwak, E., 1960, "Geographic Mobility and Extended Family Cohesion," *American Sociological Review*, 25（3）

マードック，G.P.，2001『社会構造——核家族の社会人類学〔新版〕』（内藤莞爾監訳）新泉社（原著 1949）

牟田和恵，1996『戦略としての家族——近代日本の国民国家形成と女性』新曜社

西川祐子，2000『近代国家と家族モデル』吉川弘文館

野沢慎司，2009『ネットワーク論に何ができるか——「家族・コミュニティ問題」を解く』勁草書房

落合恵美子，1989『近代家族とフェミニズム』勁草書房

落合恵美子，1996「近代家族をめぐる言説」井上俊ほか編『〈家族〉の社会学』岩波書店

落合恵美子，2004『21 世紀家族へ——家族の戦後体制の見かた・超えかた〔第 3 版〕』有斐閣

落合恵美子編，2006『徳川日本のライフコース——歴史人口学との対話』ミネルヴァ書房

落合恵美子・小島宏・八木透編，2009『歴史人口学と比較家族史』早稲田大学
　　出版部
大竹秀男ほか編，1988『擬制された親子──養子』三省堂
パーソンズ，T. & R.F. ベールズ，1981『家族──核家族と子どもの社会化』
　　（橋爪貞雄ほか訳）黎明書房（原著 1955）
Pateman, C., 1998, "Patriarcal Welfare State," J. B. Lands ed., *Feminist
　　Politics: The Public and the Private*, Routledge
ショーター，E.，1987『近代家族の形成』（田中俊宏ほか訳）昭和堂（原著
　　1975）
竹田旦，1992『民俗慣行としての隠居の研究』未來社（原著 杉原書店，1964）
坪内良博・前田成文，2009『核家族再考──マレー人の家族圏』日本図書セン
　　ター（原著 弘文堂，1977）
上野千鶴子，1994『近代家族の成立と終焉』岩波書店
山田昌弘，1994『近代家族のゆくえ──家族と愛情のパラドックス』新曜社

CHAPTER

第**3**章

家族・貧困・福祉

KEYWORD

絶対的貧困－相対的貧困　貧困線　子ども期　子育て期　高齢期　単身世帯　母子世帯　ひとり親世帯　貧困の女性化　リスク　福祉レジーム　家族主義　アンダークラス　社会的排除－社会的包摂　新しい社会的リスク

QUESTION

1　家族形態によって貧困のリスクは異なるのか？　家族形態と貧困のリスクの関係は，国によって異なるのか？
2　個人や家族を支える生活保障システムの日本的特徴は何なのか？　日本では家族にどのような役割が期待されているのか？

1　はじめに

▶「一億総中流」から「格差」そして「貧困」へ

　1990年代初頭のバブル経済崩壊を契機として，日本では長期にわたる経済的停滞が続いてきたが，それは人々の暮らしや人生，家族生活のあり方や意識にも大きな影響を及ぼしている。

　日本では1970年代後半以降，世論調査で「中意識」をもつ人の割合が9割に達していることが明らかになり，日本社会を特徴づける重要なことばとして「一億総中流社会」が広く用いられるようになった。現実の日本社会が必ずしも他の先進国より平等だったわけではなかったが，少なくとも人々の間では「日本は平等だ」という意識や認識が広く共有されていた。しかし，1990年代後半からは「格差社会」ということばが「一億総中流社会」にとって代わるようになり，さらに，2000年代後半からはより深刻な「貧困」ということばで日本社会の問題がとらえられるようになっている。

　この40年間のこうした大きな流れを踏まえつつ，本章では貧困状態にあるのはどのような家族形態の人々なのか，を手がかりとして，家族と福祉の関係を考える。貧困は，福祉システムの問題によってのみ引き起こされるのではな

く，労働の世界の状況（労働市場の構造，有償労働と無償労働の関係など）によっても大きく影響を受ける。説明の都合上，本章では福祉の面からアプローチするが，就業をめぐる構造的問題が家族や個人に及ぼしている影響については第5章で取り上げる。第3章，第5章を通じて示されるのは，「性別役割分業型」の近代家族モデルを前提として設計されてきた日本のさまざまな社会制度が，家族や個人の生き方の実情にあわなくなっている現状である（→高齢者の問題については第7章を参照）。

第2節では貧困をとらえるにあたって重要な概念である「絶対的貧困」と「相対的貧困」を説明したうえで，貧困問題に対する2つの対立的な見方――貧困の原因は個人なのか，社会なのか――を紹介する。

第3節では家族形態と貧困に関するいくつかのデータを検討したうえで，「家族形態によって貧困のリスクは異なるのか。家族形態と貧困のリスクの関係は，国によって異なるのか」「個人や家族を支える生活保障システムの日本的特徴は何なのか。日本では家族にどのような役割が期待されているのか」という2つの問いを示す。

第4節では経済とケアの両面で家族を支える福祉制度のさまざまなタイプに関して，社会学や福祉研究のなかで広く知られているエスピン－アンデルセン（2000〔1999〕）の福祉レジームの3類型（「自由主義」「社会民主主義」「保守主義」）および，ジェンダーによる分業が依然として固定的であり，かつ，企業の役割が相対的に大きい日本の特徴をより明示的にとらえることをめざした大沢（2007）の生活保障システムの3類型（「男性稼ぎ主型」「両立支援型」「市場指向型」）をもとに，2つの問いの答えを検討する。

第5節では，ヨーロッパを中心とした「社会的排除－社会的包摂」の議論を紹介しつつ，格差・貧困問題の解決に向けての日本社会の課題を指摘する。

2 貧困をめぐる議論

絶対的貧困と相対的貧困

　貧困をとらえるための代表的な概念として，「絶対的貧困」と「相対的貧困」がある。「絶対的貧困」とは，生命を維持するために必要な最低限度の食料などを欠く状態として一般的に理解されている。たとえば，1985 年に世界銀行は「1 日 1 ドル未満で生活する人々」を国際貧困基準として定めている。この基準はその後変更され，2014 年 9 月現在，「1 日 1.25 ドル未満」である。このように「絶対的」ということばが使われてはいるものの，実際の定義は時代や地域などによって異なる。

　こうした「絶対的貧困」概念のルーツは，20 世紀初頭にイギリスで社会調査を行い，社会改良をめざした実業家として知られているロウントリーがイギリスのヨーク市で実施した貧困調査にさかのぼる（Rowntree 1901）。ロウントリーは，「第一次的貧困（その総収入が，自らの生存を維持するために必要な最小限度にも足りない状態）」と「第二次的貧困（その総収入が，自らの生存を維持するにすぎない状態）」を区別したうえで，ヨーク市の総人口の約 27.6％が貧困状態（第一次的貧困と第二次的貧困の合計）にあることを明らかにした。このように，貧困かどうかを判断する基準は一般に「**貧困線**」と呼ばれている。なお，ロウントリーは後述するブースがロンドンで実施した貧困調査に触発されてヨーク市で貧困調査を実施したが，ロンドンとヨーク市の貧困率はほぼ同水準の約 3割であることも明らかになった。

　ロウントリーの調査によって，こうした貧困は疾病，老齢，失業，低賃金，子ども数が多いことと関連していること，また，人生のなかで第一次貧困以下になりやすい時期は，「子ども期」「子育て期」「高齢期」の合計 3 回あることも明らかになった。つまり，貧困に陥る時期は，生きていくために誰かほかの人からケアを受けなければならない時期か，あるいは逆に自分が他の人にケアを提供する時期に生じていることが示されたのである。このように，貧困問題は

100 年以上前から家族形態やライフコース上の位置と密接に関わっていた。

「相対的貧困」概念は，イギリスの社会学者タウンゼントによって提示された (Townsend 1979)。途上国の貧困問題では「絶対的貧困」概念が基本的に用いられるが，先進国の貧困問題では「相対的貧困」概念が一般的に用いられる。タウンゼントは，「個人，家族，諸集団は，所属する社会で通例となっている，あるいは少なくとも広く奨励されていたり，または認められている類の食事をとったり，社会的諸活動に参加したり，一定の生活水準を保って快適に暮らすために必要な資源を欠いているとき，貧困状態にあるとされるのである」と定義している (Townsend 1979)。つまり，当該社会のなかで標準的とされる生活レベルが保てない状況を問題としている。

貧困の原因に関する 2 つの見方——個人？ 社会？

貧困問題に対して政策的に解決をめざすためには，まず，どのような貧困がどこにどの程度あるのかなどについて現状把握をしなければならない。そのためには，絶対的貧困と相対的貧困のどちら／あるいは両方を問題とするのか，貧困状況をどのように数値としてとらえるかなどを決めなければならない。しかし，実際に貧困をデータでとらえることはそう簡単なことではない。また，現状把握ができたとしても，どのような政策が望ましいのかについて意見の一致に至るのも実際にはかなり難しい。なぜなら，ここには貧困の原因についての対立的な見方が関係しているからである。

貧困の原因が何かをめぐっては，①「怠けていて，真面目に仕事をしないから貧困に陥る」という個人の怠惰に原因を求める見方と，②「個人のせいではなく，個人の力では解決できない，社会の仕組みに問題があるから貧困が生まれる」という社会の構造に原因を求める見方の 2 つに大きく分かれる。①の見方をとる立場では，怠けないように，矯正・監視したり，怠けた場合には罰則を与えることが貧困解決のための望ましい政策になる。しかし，②の見方に立てば，個人の行動を変えようとする政策ではなく，問題を生み出している制度そのものを変える政策が必要になる。

世界で最初に貧困調査を行ったのは，イギリスのブースである (Booth 1902–1903)。18 世紀後半にもっとも早く産業化が始まったイギリスでは，仕事のた

CHART | 表3-1 「極貧」と「貧困」の原因に関するブースの分析

「極貧」の原因の分析（階級 A，階級 B）					
	人数	%	合計人数	合計した%	原因
1. 浮浪者	–	–	60	4	
2. 日雇い	697	43	} 878	55	雇用の問題
3. 不規則就労，低賃金	141	9			
4. 薄 利	40	3			
5. 飲酒（夫または夫婦ともに）	152	9	} 231	14	習慣の問題
6. 妻の飲酒または浪費	79	5			
7. 病気または虚弱	170	10	} 441	27	境遇の問題
8. 大家族	124	8			
9. 不規則就労＋病気または大家族	147	9			
合 計			1,610	100	
「貧困」の原因の分析（階級 C，階級 D）					
1. 浮浪者	–	–	–	–	
2. 低賃金	503	20	} 1,668	68	雇用の問題
3. 不規則な稼ぎ	1,052	43			
4. 薄 利	113	5			
5. 飲酒（夫または夫婦ともに）	167	7	} 322	13	習慣の問題
6. 妻の飲酒または浪費	155	6			
7. 病気または虚弱	123	5	} 476	19	境遇の問題
8. 大家族	223	9			
9. 不規則就労＋病気または大家族	130	5			
合 計			2,466	100	

(注)　1　「極貧」の原因「1. 浮浪者」については人数とパーセントの値は示されていないが，合計人数と合計パーセントには60人，4%とある。表中の数値は整合しないが，そのまま掲載。
　　　2　データは Booth 1902-1903。
(出所)　Bulmer 1985。

めに農村からロンドンに移り住んだ人々が急増した。にもかかわらず，住宅などの整備が追いつかなかったため，ロンドンでは貧困問題が深刻となり，衛生環境も劣悪だった。しかし，どの程度の人々がどのような貧困状態にあるのかについては明らかにされていなかった。

　ブースは貧困を「客観的」に測定するため，標準的な人数の家族で週当たり

CHART 表3-2 「極貧」「貧困」の原因

貧しさの程度	原　因			
	雇　用	習　慣	境　遇	合　計 (%)
極　貧	55	18	27	100
貧　困	68	13	19	100

（注）極貧の「習慣の問題」は，表3-1の「1. 浮浪者」を含む。
（出所）Bulmer 1985。

　18シリングから21シリングで暮らす状態を「貧困」と定義し，さらに，18シリング未満で暮らさざるをえない状態を「極貧」と定義した。ブースは8つの階級を設定したが（階級A～階級H），このうち，「極貧」に該当するのが階級Aと階級B，「貧困」に該当するのが階級Cと階級Dである。ロンドンでは階級A～Dの割合が全体の30.7％を占めることが明らかになった。

　表3-1はその調査結果の一部である（Booth 1902-1903）。ブースは「極貧」と「貧困」のそれぞれについて9つの原因を挙げ，それらを合計して主に3つの原因を見出している。この結果をよりわかりやすく，現在，社会調査で得られたデータを整理する際によく使われている表の形で整理すると，表3-2のようになる（Bulmer 1985）。表3-2に示されているように，当時のロンドンでは「極貧」と「貧困」の第一の原因は「雇用の問題」であり，それに続くのが「境遇の問題」であり，飲酒の常習や浪費といった「習慣の問題」は全体の1～2割程度にすぎないことが明らかになった。この調査をきっかけとして，貧困問題の存在が広く知られるようになり，社会的問題として対応すべき必要性が認識されるようになった。

 家族と貧困

▶ どのような家族が貧困状態にあるのか

女性の貧困率は男性よりも高い

　以下では日本の家族類型と貧困に関するデータをみていこう。図3-1は，性別，年齢別に相対的貧困率を示したものである。「相対的貧困率」とは，ひ

3　家族と貧困　●　55

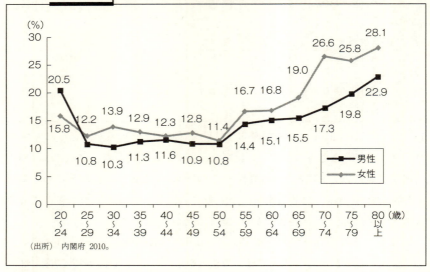

図 3-1　男女別・年齢階層別相対的貧困率（2007 年）

(出所)　内閣府 2010。

とり当たりの手取り所得の金額を高い順から並べた時に，ちょうど真ん中になる金額（いわゆる中央値）の額の半分に満たない所得しかない人の割合をいう。なお，ひとり当たりの手取り所得（等価可処分所得）を計算するために，以下の式が用いられている。

$$\frac{可処分所得（世帯収入－支払い義務のある税金や社会保険料など）}{\sqrt{世帯人員数}}$$

この図からわかるように，日本では 20 代前半を除くすべての年齢層において女性の貧困率は男性よりも高く，その差は 65 歳以上の高齢期にさらに拡大している。

世帯類型と貧困

相対的貧困率を年代，世帯類型別に示したのが図 3-2 である。高齢者では単身世帯の貧困率は男性で約 40％，女性では 50％を突破している。すなわち，1 人で暮らす 65 歳以上の女性の 2 人に 1 人は貧困状態に置かれているのである。「単身世帯」が貧困に陥りやすい傾向は勤労世代（20-64 歳）でも確認され，単身女性の 3 人に 1 人は貧困状態にある。

注目されるのは，勤労世代と子ども世代（20 歳未満）のいずれにおいても

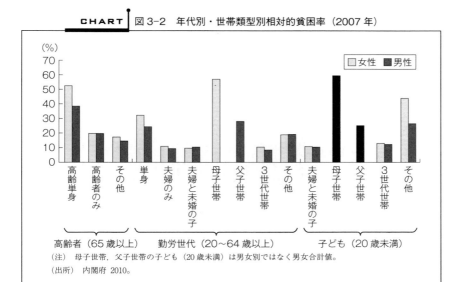

CHART 図3-2 年代別・世帯類型別相対的貧困率（2007年）

(注) 母子世帯，父子世帯の子ども（20歳未満）は男女別ではなく男女合計値。
(出所) 内閣府 2010。

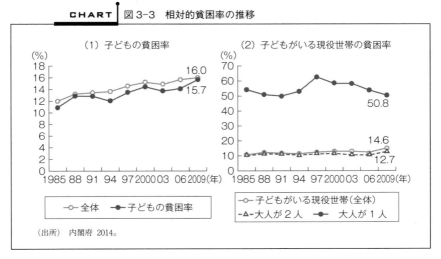

CHART 図3-3 相対的貧困率の推移

(出所) 内閣府 2014。

「**母子世帯**」の約6割が貧困状態に置かれている点である。子ども世代のデータをみると，「夫婦と未婚の子どもからなる世帯」では貧困状態の子どもは1割程度である。これに対して「母子世帯」ではその割合は約6割に達しており，6倍もの差がある。「父子世帯」でも2割強の子どもが貧困状態に置かれている。つまり，「**ひとり親世帯**」で暮らす子どもは「夫婦世帯」の子どもよりも

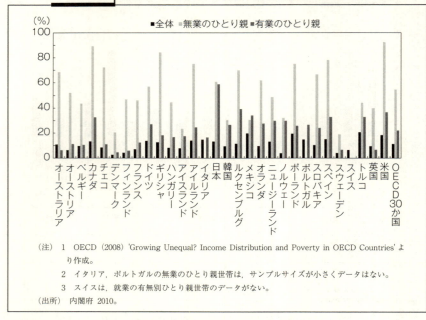

図3-4 子どものいる世帯の相対的貧困率（2000年代中盤）

(注) 1 OECD (2008) 'Growing Unequal? Income Distribution and Poverty in OECD Countries' より作成。
2 イタリア，ポルトガルの無業のひとり親世帯は，サンプルサイズが小さくデータはない。
3 スイスは，就業の有無別ひとり親世帯のデータがない。
(出所) 内閣府 2010。

経済的に厳しい状況に置かれている現状がある。

「ひとり親世帯」が貧困に陥っている苦境は，近年の不況によって初めてひきおこされたわけではない。日本の経済状況が相対的によかった1985年当時にさかのぼってデータをみてみよう（図3-3）。(1)のグラフは，1985年以降，全体の相対的貧困率と子どもの貧困率の両方が上昇したことを示している。(2)は世帯類型別に子どものいる現役世代の貧困率を表しているが，「ひとり親世帯」の貧困率は1985年当時と大きく変わっていないことがわかる。「母子世帯」と「父子世帯」が「ひとり親世帯」としてまとめられているが，「ひとり親世帯」の大半は「母子世帯」であることを踏まえると，実質的には「母子世帯」の貧困を示すデータとなっている。つまり，「母子世帯」の厳しい経済状況は一時的な現象ではなく，日本では構造化されているのである。

働いても貧困からの脱出が難しい日本の母子世帯

図3-4は「母子世帯」の貧困に関してOECDが集計した国際比較データである。この図には国全体の相対的貧困率のほか，「ひとり親世帯（無業と有業の

各々）」の相対的貧困率も示されている。グラフの右端には集計に用いられた30カ国全体の相対的貧困率が示されている。親が無業の場合の相対的貧困率は約50％に達するが，親が有業の場合にはその割合は20％程度まで減少する。このような傾向は離婚率が高く，ひとり親世帯の割合が日本以上に高いアメリカやその他の国々でも確認できる。つまり，他の先進国では「ひとり親世帯」であっても親の就業によって子どもの貧困はある程度緩和される。これに対して，日本では親が有業か無業かに関係なく，「ひとり親世帯」は一様に貧困状態に置かれている。つまり，日本では「ひとり親世帯」の親が働いていても貧困から脱出できないという特徴がみられる。その理由として，第5章で説明されるように，賃金や雇用形態（正規雇用か非正規雇用かなど），昇進などの面で男女間の格差が大きいことが挙げられる。

　また，2011年に厚生労働省が実施した「平成23年度全国母子世帯等調査」によると，離別母子世帯のうち，子どもの父親から養育費を受け取っている割合はわずか19.7％にすぎない（厚生労働省 2011）。こうした養育費を受け取れない場合が多いことも，母子世帯の貧困を生み出す要因として見逃せない。

┃ 貧困の女性化 ┃

　これら4種類のデータから浮かび上がるのは，①女性は生涯を通じて男性よりも貧困に陥りやすい，②配偶者がいない女性は貧困に陥りやすい，③日本では他の先進国とは異なり，母子世帯の母親が仕事をしても貧困から脱出するのは難しい，というジェンダーに起因する不平等である。こうした貧困層に女性が集中している現象は，「**貧困の女性化**」という概念でとらえられている。一般に，「貧困の女性化」は発展途上国でより多くみられるが，日本では労働市場におけるジェンダー格差（→第5章）や福祉政策の不備などの問題があるため，「貧困の女性化」がみられる。

　②はより精緻な分析によっても確認されている。1955年から10年ごとに社会学者が不平等に関する調査データを収集するために「社会階層と社会移動全国調査（SSM調査）」を実施している。最新の第6回調査（2005年実施）のデータを用いてさまざまな要因の効果を同時に分析した多変量解析によって，男女ともに独身者や離別者は既婚者よりも貧困状態に置かれやすいこと，男性では

自身の失業（無職状態），女性では離別が最大の貧困リスクであることが明らかにされている（中井 2011）。

「平成 23 年度全国母子世帯等調査」（厚生労働省 2011）によると，母子世帯数 123.8 万世帯のうち，働いている母親は 80.6%（このうち正規職員 39.4%，パート・アルバイト 47.4%，自営業 2.6%，その他 10.6%）である。同じく厚生労働省が 2013 年に実施した「平成 25 年国民生活基礎調査」の結果では（厚生労働省 2014），母子世帯の総所得は年間 243.4 万円にとどまり，全世帯（537.2 万円）の 45.3% にすぎず，児童のいる世帯（673.2 円）のわずか 36.2% にとどまっている。このデータを用いた「ひとり親世帯」の相対的貧困率は 54.6% に達している。

なぜ配偶者がいない女性は貧困に陥りやすいのか。その理由を探るために，次節では私たちが人生で遭遇する可能性のあるリスクと，そうしたリスクを共同で回避するための仕組みを説明する。

4 福祉レジーム類型と家族

人生における 3 つのリスク

私たちは人生を歩むうえでさまざまなリスクに遭遇する。病気になったりけがを負うリスク，親やきょうだい，配偶者，子どもといった家族を失うリスク，家庭の経済的事情などで希望どおりに進学できないリスク，経済不況期に学校を卒業したためにすぐに就職できないリスク，解雇されたり勤めている会社が倒産してしまうリスクなど，自分では基本的にコントロールできない点にリスクの特質がある。また，同じイベントでもそれが生じるタイミングによってその影響は異なる。こうした個人の力では対処することが難しいリスクを社会全体で広く負担することによって，個人や家族を支える社会保障制度（健康保険制度，公的年金制度など）が近代以降，国家を中心に考案・運営されてきた。

デンマーク出身で現在はスペインの大学で教鞭をとる社会学者エスピン‐アンデルセンは，人々が人生を歩むなかで出会う社会的リスクを「階層的リス

60 ● CHAPTER 3 家族・貧困・福祉

ク」と「ライフコースにおけるリスク」の 2 つに大別したうえで，前者が世代を超えて再生産されることを「世代間リスク」ととらえた（エスピン–アンデルセン 2000〔1999〕；岩間 2008）。

　階層的リスクとは，社会階層によってさらされる確率が異なるリスクを意味する。階層によって失業する可能性や低賃金になりやすい可能性は異なる。また，事務職に比べると，工場で機械を操作したり，高いところで作業をする仕事をする人のほうが転落などのけがをしやすいなど，職業に応じて傷害の負いやすさも異なる。他方，日本のように現役時代の収入をもとに老後の年金額が決まる年金制度の下では，有償労働をしている時期の社会階層がそのまま老後の階層にもつながってしまう可能性が高い。収入が低ければ生命保険や医療保険，私的年金などの福祉サービスを市場から購入することは困難である。また，ケアを無償労働として行う人を家庭内で確保することが難しい場合，市場からの購入によって代替する方法もあるが，階層が低ければそれも難しい。こうした階層的リスクを放置しておけば，階層間の対立が高まり，不平等や貧困が次世代にも受け継がれてしまう懸念があることから，国家が階層的リスクの不平等を管理することが重要である。

　ライフコースにおけるリスクを管理する中心的主体は，伝統的に家族とされてきた。既述したように，貧困は「子ども期」「子育て期」「高齢者期」に集中的に現れることが知られている。この問題に対処するため，国家は子どもや子育て中の家族に対しては主に家族手当を通じて，高齢者には主に年金を通じて貧困に陥るリスクを減らす政策をとってきた。つまり，近代になると，国家は経済的側面に限定して，家族のライフコースにおけるリスクを小さくするように努めてきたのである。

　これらのリスクを公的に管理するのが社会政策である（エスピン–アンデルセン 2000〔1999〕）。長い間，社会政策を策定・実施する主な提供主体は国家であるという前提が置かれてきたため，1970 年代までは国の社会保障制度を通じて国民の生活を保障する「福祉国家」という概念が一般的に用いられていた。しかし，1980 年代以降，次第に「福祉国家」は「**福祉レジーム**」という概念にとって代わられていった（レジーム regime という英語は「体制」を意味するが，福祉レジームに関する議論では「福祉体制」と日本語に訳さずに，そのままレジームとい

うカタカナ表記が一般的に用いられている）。

その背景には，社会的リスクを管理する主体は国家に限定されず，現実には家族や市場（企業など）も重要な役割を果たしていることが認識されるようになったからである。第1章で説明した私的領域における無償労働の発見と同様に，ここでの議論にもフェミニズムの研究者らによる批判が大きな影響を与えた。つまり，「福祉国家」という概念では国家による公的福祉しか対象にならず，家族などが担っている民間福祉が抜け落ちてしまう問題が認識されるようになったのである。

エスピン－アンデルセンは，「福祉レジームとは，福祉が生産され，それが国家，市場，家族のあいだに配分される総合的なあり方」と定義している。具体的には，国家，家族，市場という3者によってリスクが共同で管理されるパターンを指す（エスピン－アンデルセン 2000〔1999〕）。

福祉レジームの3類型──「自由主義」「社会民主主義」「保守主義」

エスピン－アンデルセンは福祉を提供する主体として，国家に加えて市場や家族にも目を向け，3者の役割の組み合わせや，3者それぞれがサービスを提供する際に用いる分配原理の違いなどによって，福祉レジームを「自由主義レジーム」「社会民主主義レジーム」「保守主義レジーム」という3つの類型に分けた（エスピン－アンデルセン 2000〔1999〕）。「福祉レジーム」の考え方自体は1990年出版の『福祉資本主義の三つの世界』で提示されていたが（エスピン－アンデルセン 2001〔1990〕），この段階では国家と市場に焦点があてられており，実際には家族の分析はほとんど行われていなかった（このことを反映し，「福祉レジーム」ではなく，「福祉国家」あるいは「福祉国家レジーム」という表現が用いられていた）。この点については，特にフェミニストから「ジェンダーの視点が欠如している」という批判が数多く寄せられた。エスピン－アンデルセンは「家族が福祉の提供に果たす役割を過小評価している」という批判を受け入れる形で，1999年の『ポスト工業経済の社会的基礎──市場・福祉国家・家族の政治経済学』では，国家や市場と並んで重要な役割を果たしている主体として家族を位置づけることによって，類型の修正をはかったのである（エスピン－アンデルセン 2000〔1999〕）。

62 ● CHAPTER 3 家族・貧困・福祉

見逃してはならないのは，福祉の主体が国家，市場，家族のどれであるかによって根本的に異なる原理が作用する点である（エスピン-アンデルセン 2000〔1999〕）。家庭内では基本的に家族同士で相互に支えあう，いわば「持ちつ持たれつ」の「互酬性の原理」に基づいて福祉が提供されるべきであると考えられているのに対し（ただし，それは必ずしも「平等性」を保障するものではない），市場では金銭関係を通した分配原理が用いられる。また，国家は国家が有する権威や権限に基づいて再分配するが，家庭における「互酬性の原理」と同様に，必ずしも平等主義に基づく福祉提供になるとは限らない。

　自分の子どもが病気になって入院が必要になったという例を用いて，提供主体による原理の違いをより具体的に説明しよう。まず，親やほかの家族成員が治療費の負担や病院での付き添いなどを無償で行うことは，一般的には当然のこととみなされるだろう。入院費や，親が付き添うことによって生じる親の負担（経済的，時間的，身体的な負担など）を後で子どもに請求することはありえないことと想定されている。家庭内では「互酬性の原理」が働くのが当然と考えられているからである。ここには第2章で説明された「愛情によって結びつくのが家族」という考え方も関係している。

　もし家族が入院費を負担できなければ，住んでいる地域の自治体の福祉事務所に出向いて生活保護の申請をし，受給が認められれば医療費を免除してもらうことができる。日本の場合，生活保護事業は国家が地方自治体に委託しているが，こうした援助は国家が個人や企業などから税金を徴収し，その一部を再配分する権限をもつことによって可能となっている。ただし，国家から援助を受けるためには，国家が定めた受給基準（日本の場合，原則としては自動車を所有してはならないなど）を満たすことを要求されるのである。

　それでは各類型の特徴をみていこう（表3-3）。

　①自由主義レジーム：　自由主義レジームでは「リスクを担うのは基本的に個人である」という前提が置かれているため，社会政策の対象はきわめて限定的である。つまり，リスクを社会全体で負担すべきであると考えられる範囲がきわめて狭い。そのため，福祉を受けるためにはその人がどの程度の資産をもっているかについて調べる資力調査（ミーンズ・テスト）を受けることが求められるなど，ある種の罰則的な意味合いを受けることと引き替えに福祉の提供

4 福祉レジーム類型と家族 ● 63

CHART 表3-3　福祉レジーム類型の特徴

	自由主義レジーム	社会民主主義レジーム	保守主義レジーム
役割			
家族の—	周辺的	周辺的	中心的
市場の—	中心的	周辺的	周辺的
国家の—	周辺的	中心的	補完的
福祉国家			
連帯の支配的様式	個人的	普遍的	血縁，コーポラティズム，国家主義
連帯の支配的所在	市場	国家	家族
脱商品化の程度	最小限	最大限	高度（稼得者にとって）
典型例	アメリカ	スウェーデン	ドイツ・イタリア

（出所）　エスピン－アンデルセン 2000〔1999〕。

が認められる傾向が強い。資力調査は，アメリカや日本などで導入されている。

　政策対象が限定されていることから導かれる当然の帰結とも言えるが，国家の役割は3つのレジームのなかでもっとも小さく，市場に委ねることを奨励しているのが自由主義レジームの第2の特徴である。

　②社会民主主義レジーム：　アメリカやイギリスのように市場の役割を重視する自由主義的レジームとは対照的に，社会民主主義レジームは不平等の拡大を危惧する観点から市場に委ねることには消極的であり，福祉をお金で売り買いしない「脱商品化」が図られている点が大きな特徴である。

　第2の特徴は，家族に福祉を委ねる割合も3つのレジームのなかでもっとも小さいという意味での「脱家族化」が図られている点である。

　このように，社会民主主義レジームでは市場や家族に代わって国家の果たす役割がもっとも大きいという特徴がみられる。さらに，受給者の職業の有無や収入の有無，職種の違い，婚姻上の地位，家族関係などによって区別することなく，ニーズ（のみ）に基づくという意味で，「普遍主義」の原理が用いられているのが第3の特徴である。この点は後述する保守主義レジームとはきわめて対照的である。このレジームを体現した国として，エスピン－アンデルセンはスウェーデン，ノルウェー，フィンランドといった北欧の国々を挙げている。

　③保守主義レジーム：　保守主義レジームでは家族に期待される福祉機能が

64 ● CHAPTER 3　家族・貧困・福祉

大きいうえ，保護の対象とされる家族モデルも他のレジームと比べて画一的であり，いわゆる「性別役割分業型」の家族であることを前提に福祉が提供される。このような2つの意味での「**家族主義**」が保守主義レジームの最大の特徴である。

　第2の特徴は，同じ職業や産業，企業で働く人同士で組織をつくり，その組織を単位として自分たちの利益を主張したり，社会的リスクを分け合う方式が採用されている（エスピン－アンデルセンはコーポラティスト型と呼んでいる）。保守主義レジームのなかでも，集団を組織する方法や歴史，階層的分断の違いなどによってさまざまなタイプに分かれる。エスピン－アンデルセンが挙げたドイツの年金制度の場合，ブルーカラー（身体を使う労働）とホワイトカラー（事務などのデスクワーク）という区分に沿った，ゆるやかな組織化がなされている。また，ドイツの健康保険は，地域別，職業別，あるいは企業ベースのファンドによって1200にも分かれた形で運営されているという。ヨーロッパでは社会的リスクが職業ごとに似ている点を踏まえ，一般に職業別に組織化されているが，日本の場合には，（職種は異なるが）同じ企業で働く人同士で労働組合をつくったうえで，企業の産業ごとに賃金の交渉などを行うことが一般的である。

　これら2つの特徴は，男性世帯主の雇用を守ることを最優先させる労働政策によって裏打ちされている。つまり，リスクを負担する主体として家族に大きな役割を与えると同時に，家族がその機能を円滑に果たせるよう，妻や子どものいる男性の雇用を守り，男性の職業を介してさまざまな福祉を提供する社会保障制度を設けているのである。

　当然のことながら，男性のなかで主な稼ぎ手とはなりにくい「通常」の雇用関係から外れた人々——非正規雇用で働く人々や，失業している人々——は職業別に設計された年金制度などの対象外となってしまうし，女性も同様である。つまり，保守主義レジームで広く採用されている配分原理は「普遍主義」ではなく，逆に，「選別主義」であるという第3の特徴もみられる。保守主義レジームの国としてはドイツ，フランス，オーストリア，ベルギーなどが挙げられている。

5　日本の生活保障システムの特徴とその限界

3 類型に対する批判

　3 類型に対しては，主に 2 つの批判が寄せられている（大沢 2007）。1 つは，労働市場の規制に関する考察が不十分であるという批判であり，もう 1 つは「社会的経済」ないし「サード・セクター」の役割が見落とされているという批判である（「社会的経済」および「サード・セクター」とは，営利の追求を目的としない団体・組織を指す）。なお，サード・セクターの定義は，ヨーロッパとアメリカで異なる点に注意が必要である。アメリカでは利益を分配する可能性がある協同組合や共済組合をサード・セクターに含まないことが一般的であるのに対し（Salamon & Anheiter 1998），ヨーロッパでは利益分配があったとしてもその割合が制限されていることが多く，また，サード・セクターの組織の目的は社会的共通財の創出にあるという見方が優勢であるため，協同組合や共済組合といった「社会的経済」もサード・セクターに含まれる（エバース＆ラヴィル 2007〔2004〕）。

　さて，日本の福祉レジームはエスピン－アンデルセンの 3 類型のどれに該当するのだろうか。研究者の間で見解は必ずしも一致していない。エスピン－アンデルセン自身は『福祉資本主義の三つの世界』の日本語版に寄せた序文のなかで，自由主義と保守主義の混合である可能性を指摘している（エスピン－アンデルセン 2001〔1990〕）。また，これらの類型は 1980 年頃の欧米諸国のデータをもとにつくられているため，日本の特徴を的確にとらえることは難しいという指摘も少なくない。たとえば，国際比較分析をとりまとめた埋橋は「3 つのタイプの要素を併せもっているため，この 3 つのどれにもあてはまらないタイプ」であるという見解を示している（埋橋 1999）。

日本の生活保障は「男性稼ぎ主」型

　大沢はエスピン－アンデルセンに寄せられた 2 つの批判——労働市場の規制

66 ● CHAPTER 3　家族・貧困・福祉

CHART | 表3-4　大沢による生活保障システムの3類型

		男性稼ぎ主型		両立支援型	市場志向型
役割	家族	中心的		周辺的	中心的
	企業	中心的		周辺的	周辺的
	国家	補完的		中心的	補完的
労働市場の規制		男性稼ぎ主を保護 （ジェンダーに準拠）		平等主義	最小限
社会的経済／サード・セクター		中心的	周辺的	政府との分業 （市民の自己啓発 や権利擁護に限定）	中位
典型例		大陸西ヨーロッパ	日本，南ヨーロッパ	北欧諸国	アングロサクソン諸国

（出所）　岩間 2008。

ならびにサード・セクターの役割を類型化に組み込んでいないという批判——にこたえると同時に，ジェンダーの視点を明示的に導入することによって，日本の生活保障システムの特徴をより端的にとらえることができるという見解を示したうえで，「男性稼ぎ主型」「両立支援型」「市場志向型」という3類型を提示している（大沢 2007）。生活保障システムとは，生活が持続的に保障され，社会参加の機会が確保されるために，家族や企業，コミュニティや協同組織，中央政府，地方政府などによって提供される財やサービス，政策などの全体を指す（大沢 2007）。大沢による生活保障システムの3類型は表3-4のように整理できる（岩間 2008）。

　「男性稼ぎ主型」では国家の役割が小さい一方，家族福祉と企業福祉が強固に相互補強しあっている。家族を養うことが期待されている男性には安定的な雇用と一定の賃金が与えられるように労働市場が規制されており，女性や子どもは世帯主である男性の雇用を通じて福祉を受け取る。他方，ケアの主たる責任は女性が担うとされている。このように家族がケアと経済の両面において主たる福祉供給の単位として位置づけられていることを反映し，国家や地方自治体などがケアを担う役割は限定的である。ただし，「男性稼ぎ主型」のなかでも社会的経済／サード・セクターの果たす役割の大きさには違いが見られ，イタリアなどの南ヨーロッパや日本と比べて，ドイツやフランスなどの大陸西ヨーロッパではキリスト教会系や赤十字系，政党系などの非営利組織の役割が

大きい。

次に,「両立支援型」ではジェンダーに関わりなく,就業と家庭生活の両立が誰にとっても可能な選択肢となるように家族のケア負担が軽減されている。たとえば,保育サービスや高齢者向けの介護サービス,育児休業などの家族支援策は国家によって整備されている。これらのサービス提供にあたって必要となる財源(税金)を確保するため,誰もが労働市場に参加できるように,積極的な雇用推進と平等原則に基づいて労働市場が規制されている。なお,福祉サービスの提供そのものを直接国家が担うため,非営利組織の活動はそれ以外の市民の自己啓発や権利擁護の部分に限定されている。北欧諸国がこの類型の例として挙げられている。

最後に,「市場志向型」では他の2類型と比べて労働市場の規制が最小限にとどめられており,国家が担う家族政策も限定的である。「男性稼ぎ主型」とは対照的に,賃金はあくまでも労働の対価として支払われるのが一般的であり,扶養手当のような生活保障を意図したものにはなっていない。非営利組織の規模は中程度とされている。この類型の例として,アメリカやイギリスなどのアングロサクソン諸国が挙げられている。

以上から明らかなように,大沢の3類型はエスピン-アンデルセンの類型と重なりあってはいるものの,家族や労働市場のありようを規定している重要な次元としてジェンダーを強調している点が大きく異なる。このように誰がケアを担うのか,誰が経済資源の獲得を担うのか,といった性別役割分業にも目を向けることにより,「再生産」機能の遂行をめぐる日本の問題がよりはっきりと見えてくる。

日本の場合,高度経済成長期以降,家族と企業が果たす役割が大きく,国家はそれらを補完するレベルにとどまっていた。しかし,1990年頃を境に,日本では晩婚化・未婚化の進行や離婚率の増加などで家族規模の縮小が進み,共働き世帯が増加している一方,グローバル化による企業間の国境を越えた競争の激化,経済停滞などにより,企業が家族や個人を経済的に支援する機能が低下してきた(橘木 2005;岩間 2008)。つまり,これまでの日本の福祉レジーム/生活保障システムを特徴づけてきた「家族主義」や「性別役割分業」は維持されている一方で,男性を介して企業が家族を経済的に支えていた企業福祉

は衰退することにより，家族が経済的資源を安定的に確保することが難しくなってきている。そのため，日本でも既婚女性の就業の重要性は他の先進国と同様に増している。しかし，女性が担ってきたケア機能を代替しうる保育サービスの整備，長時間労働の是正などの社会的な方策が講じられないまま，個人や家族レベルでの解決を迫られている現状がある。

社会的包摂に向けて

　本章では「家族形態によって貧困のリスクは異なるのか？ 家族形態と貧困のリスクの関係は，国によって異なるのか？」「個人や家族を支える生活保障システムの日本的特徴は何なのか？ 日本では家族にどのような役割が期待されているのか？」という2つの問いを出発点として，個人や家族を支える福祉レジーム／生活保障システムに目を向けてきた。端的に説明すると，日本では女性が結婚して夫の扶養に入るとともに，家事や子育て，介護といったケアの責任を果たす性別役割分業型の近代家族モデルを前提とした社会制度が構築されているため，それ以外の家族形態の女性や子どもが社会保障から漏れてしまい，結果として貧困に陥りやすいシステムになっている，が答えとなる。

　産業社会から消費社会への移行が進む現在，「新しい貧困」が登場しているという指摘がある。バウマンによると，産業社会では貧困層の人たちもいずれは労働力となる労働予備軍とみなされていたため，国家はその人々が貧困状態から脱出できるよう一定程度の支援を行っていたが，消費社会においては経済的余裕のない貧困層の人たちは消費ができない，価値のない人たちであるという見方が強まり，国家は貧困層を支援するどころか，むしろ，上の階層との間に超えがたい障壁を設定し，一種の見せしめとして貧困層を締めつけるようになっているという（バウマン2008〔1998〕）。国家がこうした態度をとれば，貧困はいっそう固定化されてしまう。こうした見方はアメリカでより多く受け入れられている。貧困層は「アンダークラス」と呼ばれているが，モラル（道徳）を欠いた，真面目に働こうとしないために貧困に陥った「特別な人々」という意味合いがあり，ドラッグや犯罪に手を染めているというイメージも強い。

これに対し，ヨーロッパでは，貧しい人々を社会全体で支えようとする「**社会的包摂**」政策がEU（欧州連合）全体で展開されている。社会的包摂政策の対象は，「**社会的排除**」を受けている人々だが，もともと「社会的排除」ということばは1980年代にフランスで生まれ，1990年代以降にヨーロッパの他の国でも急速に用いられるようになった。EUが取り組むべき6つの目標の1つとして「社会的排除との闘い」が含められ（2000年12月に開催されたニース欧州理事会），EU加盟国は「社会的包摂に関するナショナル・アクション・プラン」の実施を要請されるようになった。さらに，2010年には，2020年までの10年間に貧困または社会的排除の状態に置かれている人数を2000万人以下に削減することを目標に含んだ「ヨーロッパ2020イニシアティブ」が策定されている（European commission 2010）。

　では，貧困と社会的排除はどのように異なるのだろうか。既述したように，貧困の定義もさまざまであるが，それ以上に社会的排除の概念は多義的である。

　バラとラペールは，社会的排除の特徴として，①貧困が経済的次元の資源の欠如を問題とするのに対し，社会的排除は経済的要因，社会的要因，政治的要因が相互に絡み合いながら進行する累積的な不利益を指す概念である，②失業と仕事の不安定さによってひきおこされる，③雇用，住宅，医療，教育といった基本的権利へのアクセスだけではなく，それらの質の低さも問題としている，④ある時点での排除が将来においても持続する可能性が高いという長期的な過程を問題としている，⑤社会的・経済的剥奪を生み出し，個人を排除に追いやる過程に目を向けた動態的な概念である，⑥人々が暮らしている時代の特定の社会における「標準的な」生活から排除されていることを問題にするという意味で，「相対的」な概念である，⑦伝統的な福祉システムは不適切であるという認識のもとに，社会政策を抜本的に再設計することをめざした政策指向の概念である，という7つを挙げている（バラ＆ラペール 2005〔2004〕）。

　この概念がヨーロッパのみならず，他の国でも関心を集めるようになった理由として，バラとラペールは，経済のグローバル化とともに不安定な仕事や長期失業が増えたこと，また，家族や家庭以外の社会的ネットワークの弱体化などにより，さまざまな次元の問題に苦しむ人が多くの国で増えていることを挙げている。こうしたリスクは一般に「**新しい社会的リスク**」と呼ばれている

（大沢 2007）。

　日本でも 2000 年代後半から EU の社会的排除への取り組みが紹介され（岩田 2008 など），関心を集めるようになっているが，日本ではもっぱら雇用や経済的苦境に焦点があてられているように見受けられる。EU では移民やその子ども世代が社会的包摂策の主要な政策対象となっていることからもうかがえるように，貧困からの脱出のみならず，社会的・政治的活動への参加を通じて社会に統合していくことがめざされている。

　日本でもこうした「新しい社会的リスク」は増大している。家族に関わる現象に限ってみても，未婚化・晩婚化・少子化・高齢化の進展や，離婚率の増加などによってライフコースや家族形態の多様化が進み，「性別役割分業」型の家族を前提とした労働市場や福祉レジーム／生活保障システムでは保護されない層（単身世帯やひとり親世帯など）が増加している。ポスト工業社会の到来，グローバリゼーション，消費社会化，個人化という流れの中で生じている「新たな社会的リスク」から個人を救うためには，EU と同様に，包括的な社会的包摂策を行う必要があると考えられる。それなくしては家族に期待されている「再生産」機能の遂行はいっそう難しくなっていくだろう。

EXERCISE ● 課題

1　いくつかの国について，①貧困率，離婚率，男女の賃金格差，教育費（大学の学費が無償かどうかなど）などに関するデータを収集し，②ひとり親世帯の支援策についても調べ，③両方がどのような関係にあるのか，また，④本章で紹介した福祉レジーム類型や生活保障システム類型のどれに該当するか，についても考えてみよう。①については，それぞれのキーワード（「貧困率」など）と「国際比較」を一緒に検索することで，データが入手できるだろう。②については，「ひとり親世帯」「母子世帯」「シングルマザー」のいずれか 1 つ以上のキーワードと，「政策」，興味のある国の名前を組み合わせて検索することで，文献が入手できるだろう。

2　家族形態（「夫婦世帯」「ひとり親世帯」「単身世帯」「三世代世帯」など）が異なる男女を対象に，生活をするうえでどのようなことに困っているのか（困った経験があるのか）について経済的問題とケアの問題の 2 つに分けてインタビュ

6　社会的包摂に向けて　● 71

ーを行い，(a)ジェンダーや家族形態によって経済的問題とケアの問題がどのように異なるのか（異なっていたのか），(b)ジェンダーや家族形態の違いにかかわらず，共通してみられる困難とはどのようなものか，について考察してみよう。

引用文献　　　　　　　　　　　　　　　　　　　　　　　Reference ●

阿部彩，2008『子どもの貧困——日本の不公平を考える』岩波書店

バラ，A. S. & F. ラペール，2005『グローバル化と社会的排除——貧困と社会問題への新しいアプローチ』（福原宏幸・中村健吾監訳）昭和堂（原著2004）

バウマン，Z., 2008『新しい貧困——労働，消費主義，ニュープア』（伊藤茂訳）青土社（原著1998）

Booth, C., 1902-1903, *Life and Labour of the Peoples in London*, 3rd edition, 17 Vols., Macmillan →以下の立教大学図書館のサイトでブースの貧困調査の報告書について説明がなされている（http://library.rikkyo.ac.jp/_asset/pdf/archives/exhibition/booth2.pdf）

Bulmer, M., 1985, *Essays on the History of British Sociological Research*, Cambridge University Press

エスピン－アンデルセン，G., 2000,『ポスト工業経済の社会的基礎——市場・福祉国家・家族の政治経済学』（渡辺雅男・渡辺景子訳）桜井書店（原著1999）

エスピン－アンデルセン，G., 2001『福祉資本主義の三つの世界——比較福祉国家の理論と動態』（岡沢憲芙・宮本太郎監訳）ミネルヴァ書房（原著1990）

エスピン－アンデルセン，G & B. パリエ，2008『アンデルセン，福祉を語る——女性・子ども・高齢者』（京極髙宣監修／林昌弘訳）NTT 出版（原著2008）

European Commission, 2010, "Europe 2020: Commission Proposes New Economic Strategy in Europe," European Commission（http://europa.eu/rapid/press-release_IP-10-225_en.htm?locale=en）

エバース，A. & J.-L. ラヴィル，2007「欧州サードセクターの定義」『欧州サードセクター——歴史・理論・政策』（内山哲朗・柳沢敏勝訳）日本経済評論社（原著2004）

岩間暁子，2008『女性の就業と家族のゆくえ——格差社会のなかの変容』東京大学出版会

岩田正美，2008『社会的排除——参加の欠如・不確かな帰属』有斐閣

厚生労働省，2011「平成23年度全国母子世帯等調査」（http://www.mhlw.go.jp/seisakunitsuite/bunya/kodomo/kodomo_kosodate/boshi-katei/boshi-setai_h23/）

厚生労働省，2014「平成25年国民生活基礎調査」（http://www.mhlw.go.jp/toukei/saikin/hw/k-tyosa/k-tyosa13/index.html）

釧路市，2014「釧路市自立支援プログラムの取り組み状況」（http://www.city.kushiro.lg.jp/kenfuku/fukushi/seikatsuhogo/0005.html）

釧路市福祉部生活福祉事務所編集委員会編，2009『希望をもって生きる——生活保護の常識を覆す釧路チャレンジ』全国コミュニティライフサポートセンター

内閣府，2010『平成22年版　男女共同参画白書』

内閣府，2014『平成26年版　子ども・若者白書』

中井美樹，2011「ライフイベントとジェンダー格差——性別役割分業型ライフコースの貧困リスク」佐藤嘉倫・尾嶋史章編『現代の階層社会1　格差と多様性』東京大学出版会

大沢真理，2007『現代日本の生活保障システム——座標とゆくえ』岩波書店

Rowntree, S., 1901, *Poverty: A Study of Town Life*, Macmillan

埼玉県アスポート編集委員会編，2012『生活保護200万人時代の処方箋——埼玉県の挑戦』ぎょうせい

Salamon, L. M. & K. Anheiter, 1998, "Social Origins of Civil Society: Explaining the Nonprofit Sector Cross-nationally," *Voluntas*, 9（3）

橘木俊詔，2005『企業福祉の終焉——格差の時代にどう対応すべきか』中央公論新社

Townsend, P., 1979, *Poverty in the United Kingdom: A Survey of Household Resources and Standards of Living*, Penguin Books

埋橋孝文，1999「福祉国家の日本モデル——拙著『現代福祉国家の国際比較』（日本評論社，1997年6月）の書評に答えて」『大阪市立大学経済学雑誌』99（5・6）

Column ② 子どもの貧困と地方自治体の取り組み

　「子どもの貧困」がごく一部に限られた現象ではないこと，また，貧困世帯で育つことが大人になってからも不利な状況につながることの問題を取り上げた研究が 2000 年代後半以降，日本でも手がけられるようになっている（たとえば阿部 2008）。ここでは生活保護世帯や生活保護世帯で育つ子どもたちを支援する取り組みについて紹介する。

　先駆的な取り組みとして全国的に知られているのは，北海道東部にある釧路市の自立支援事業である（釧路市福祉部生活福祉事務所編集委員会編 2009）。母子世帯の生活保護率が高い釧路市は，2004 年度に生活保護を受けている母子世帯への支援を対象とした厚生労働省のモデル事業に指定されたことをきっかけとして，働いて経済的支援を受けなくてすむようになるという狭い意味での「自立」に限らない，「中間的就労」という概念を導入したプログラムを策定し，一定の成功を収めた。2006 年度には事業の対象を生活保護世帯全体に広げ，「日常生活自立」「社会的自立」「就労自立」という 3 種類の自立を支援している。

　この事業では，地域の NPO などと協力し，有償・無償のボランティア活動を通じて居場所づくりをまず進めることによって，生活保護を受給している人々の自己肯定感や自尊感情を回復したうえで，その人なりの「自立」した生活が可能になることをめざしている。生活保護を受けている人たちが，「自分で選ぶ・決める」経験や「肩ひじ張らずにやってみる」経験を積むことを通じて自己肯定感や自尊感情を回復し，仕事を含めた社会参加をめざすという点で，実質的には本章第 6 節で紹介した「社会的包摂策」に相当すると考えられる。

　釧路市のホームページによると（釧路市 2014），2014 年 9 月現在，①就労支援プログラム，②就業体験的ボランティアプログラム，③就業体験プログラム，④日常生活意欲向上支援プログラム，⑤その他のプログラムが設けられているが，このうち②，③，④は一般的な就労支援とは異なり，知的障がい者施設や介護事業所などの福祉施設，病院，農園などでのボランティアを経験できる。

また，生活保護を受けている世帯の中学 3 年生を中心に，高校進学に向けた「高校進学希望者学習支援プログラム」も NPO と連携して行っている。この事業は将来的な貧困の連鎖を防ぐことをめざして始められたが，子どもの居場所をつくるとともに，子どもたちが落ち着いて勉強するためには生活環境を整えることが不可欠であることから，学習支援とあわせて生活支援も行っている点に特徴がある。

　NPO の職員や大学生などに加えて，生活保護を受けている人も勉強を教えるチューター役をつとめている。また，このプログラムの支援を受けて進学した子どもたちが高校合格後に今度はチューター役にまわるなど，当事者の力を引き出す工夫が実を結んでいる。

　こうした自治体と NPO などの民間機関が連携するとともに，従来分かれていた福祉と教育という垣根を越えた取り組みは他の地域でも行われている。たとえば，首都圏では埼玉県が生活保護世帯の中学 3 年生を対象に大学生ボランティアを中心とした学習支援などを行っている（埼玉県アスポート編集委員会編 2012）。

　エスピン‐アンデルセンとパリエは，就業率が高い北欧では保育サービスの質の向上を図った結果，子どもたちの学力差が縮小したという実証研究をもとに，幼少期の子どもたちへの支援が長期的に見た場合，貧困を防ぐうえでもっともコストが低く，有効性が高いだろうという見解を示している（エスピン‐アンデルセン＆パリエ 2008）。

　日本の自立支援事業は，生活保護世帯や母子世帯といった特定の世帯を対象としているが，こうした支援は「スティグマ（負の烙印やレッテル）」を与える可能性もはらんでいることを考えると，世帯類型などに関わりなく，すべての子どもの健全な発達を支援するという観点から，より「普遍主義」的なサービスが望ましいように思われる。

CHAPTER

第 **4** 章

結　婚

● 77

KEYWORD

結婚の衰退論と適応論　性別分業型の結婚　ロマンティック・ラブ　明治民法と現行
民法　未婚化　離婚の破綻主義　パートナーシップの多様化

QUESTION

1　結婚とは何か（たとえば人々にとって結婚はどのような点で重要か，また法・制
度は結婚をどのように規定しているか）？
2　未婚化や離婚の増加は，結婚の衰退と考えられるか，あるいは現代社会に適応す
るための変化と考えられるか？

1　はじめに

▶結婚は衰退しているのか，変化しているのか

マクロな視点とミクロな視点

　結婚についての社会学的研究は大きく2つに分けることができる。1つめは
ミクロ（微視的）な視点からの研究で，結婚内部の人間関係（たとえば夫婦の役
割関係，情緒関係，権力関係など）に焦点を合わせて結婚を考察する。2つめはマ
クロ（巨視的）な視点からの研究で，結婚を取り巻いている社会に目を向け，
社会との関係から結婚を考察する（たとえば社会の変化は結婚にどのような影響を
及ぼすかなど）。たしかに結婚内部の人間関係（ミクロ）は，それを取り巻く社
会（マクロ）から大きな影響を受ける。そこでこの章ではマクロな視点からの
結婚についての研究に焦点をあてる。

　この節では近代化によって結婚がどう変化したかについて2つの考えを紹介
し，問いを提示する。次の第2節では結婚とは何か，結婚は第二次大戦後にど
う変化したかについて，機能と法・制度という2つの側面からみていく。続い
て近年の結婚の変化として第3節では未婚化，第4節では離婚の増加に注目し，
それぞれの要因や社会的対応について検討する。最後に第5節では結婚を取り
巻く変化を「パートナーシップの多様化」ととらえ，多様なパートナーシップ

78 ● CHAPTER 4　結　婚

を正当なものとして承認し，社会のなかに位置づける（包摂する）にはどうすればよいかについて，日本と他の社会との比較をもとに考える。

近代化と結婚──衰退論と適応論

　マクロな視点からの結婚研究における中心的な問いは，近代化の進展が結婚にどのような影響を及ぼすかである。これについては，近代化によって「結婚は衰退している」という議論（**衰退論**と呼ぼう）と，「社会に適応するために結婚は変化しているだけであり，衰退してはいない」という議論（**適応論**と呼ぼう）が繰り返されてきた。

　19〜20世紀半ば（前期近代とも呼ばれる）の欧米においては，産業化による商工業や被雇用者の拡大，市民革命による個人の自由の拡大（民主化）を背景に，家族の形態・機能が近代家族の（→第2章）それへと変化し，離婚も法的に認められるようになった。こうした社会変動を背景に，コントやル・プレーなど19世紀の社会学者は「家族（結婚）は衰退している」と論じた（Popenoe 1988）。しかし20世紀に入ると産業化・民主化が社会に浸透し，第二次世界大戦後には社会も安定して，男は仕事，女は家庭という性別分業に基づく核家族が社会に定着してきた。こうした変化を背景に，20世紀半ばになると社会学者たちは，「家族（結婚）は衰退したのではなく，産業化・民主化した社会に適合するように変化したのだ」と論じた（ハワード 1987〔1981〕）。たとえばバージェスは，家族は制度に基づくものから友愛に基づくものに変化したと論じ（Burgess & Locke 1945），パーソンズは，性別分業型の核家族が産業化した社会にもっとも適合していると論じた（パーソンズ＆ベールズ 1981〔1955〕）（→第2章）。ただしパーソンズの考えは，フェミニストやLGBT（レズビアン，ゲイ，バイセクシュアル，トランスジェンダーなど。→第8章）の権利を擁護する人々から，性別分業に基づく核家族や**性別分業型の結婚**は，一見民主的に見えるが，実際は女性やLGBTを抑圧するものであり，こうした家族・結婚は変化する必要があると批判されている（ファインマン 2003〔1995〕；フリーダン 1977〔1963〕；赤杉・土屋・筒井 2004）。

　さらに時代が進んで1960年代の後半以降（後期近代とも呼ばれる）になると，それまで安定的だった性別分業型の核家族も揺らぎ始め，離婚の増加や出生率

の低下が目立ってきた。こうした変化に対してたとえばポペノーは「家族，それも拡大家族ではなく，核家族（そしてその基盤である結婚）が衰退している」と主張した（Popenoe 1988）。

これに対しても，家族（結婚）は衰退しているのではなく，社会に適応して変化しているのだという反論がある。ではどのように変化しているのか。1つめの考え方は結婚の「個人化」論である。この論によると，過去の社会ではある程度の年齢になれば結婚するのがあたりまえという社会規範があり，そのための社会的仕組み（お見合いなど）があったが，近年，結婚するかどうかは個人が選択するもので周囲が強制すべきでないと考えられるようになったという。個人化論は，「個人の自由の拡大」といったプラス面に注目するものが多いが，ベック（1998〔1986〕）のように「リスクの個人化」（つまり個人がすべてを決定・遂行し，失敗の責任も個人が負わねばならない）というマイナス面を強調する議論もある。

2つめの考え方はギデンズによる「純粋な関係性」論である（ギデンズ 1995〔1992〕）。この論によると，過去の社会では，法や社会規範から逸脱しないよう，あるいは経済的利益を得るために，人々は家族・結婚といった親密な関係を結んできたが，現代社会では「純粋な関係性」のために（つまり「その人と一緒にいたい」など関係自体を目的にして）親密な関係を結ぶようになったという（→第8章）。

本章の問い

本章では，主に 1960 年代後半以降における結婚の変化に注目する。この時期から現在に至る期間，結婚は衰退しているのか，それとも新しい社会に適応して変化しているのか。もし変化しているとすればどのように変化しているのか。「個人化」や「純粋な関係性」といった変化はみられるのか。こうした問いに答えるために，結婚とは何か，どう変化してきたのか，その背後にはどのような社会の変化があるのかといったことについてみていく。

2 結婚とは何か

結婚の機能

　結婚とは何か。たとえば同棲と比較すると，似ている点として，何があげられるだろう。たとえば，性愛によって結ばれた2人が共同生活をすることだろうか。では異なる点は何か。たとえば，永続性，結婚式や婚姻届け，子どもをもつことなどが，結婚にはあって同棲にはない点だろうか。

　ここではまず，現代日本の若者が結婚にどのような機能（役割）を期待しているかという点から考えよう。結婚の機能については次のような議論がある。まず家族史の研究は，近代社会における結婚を**ロマンティック・ラブ**と呼び，ロマンティック・ラブの特徴として，愛・性・生殖が結婚に限定されるという点をあげている。たとえば近代より前の社会では，結婚相手のほかに愛人をもち，その人と性関係をもつだけでなく，子どもをもうけることに許容的である場合や，むしろ奨励される場合があった。しかし近代になると，ロマンティック・ラブの普及により，愛・性・生殖が結婚内に限定され，結婚外の愛・性・生殖は不適切だとみなされるようになった（落合 1989）。こうした研究から，近代社会においては，「愛」「性」「生殖」が結婚の重要な機能であるという仮説を立てることができる。

　また山田（1994）は近代以降の家族に期待される機能（役割）として，家族メンバーが「お互いに情緒的満足を得たり不満を処理する責任を負うこと」と「お互いの一定の生活水準の確保と労働力の再生産に責任を負うこと」の2つであると論じている。これらはそれぞれ「愛」と「生活保障」と言い換えられる。山田の議論からは，近代社会においては「愛」と「生活保障」が結婚の機能だという仮説を立てることができる。

　では，「愛」「性」「生殖」「生活保障」という4つのうちのどれを，現代日本の若者は結婚に求めているだろうか。図4-1に示したように，結婚することの利点として男女ともに多くの人があげているのは「子どもや家族をもてる

CHART 図 4-1 結婚することの利点

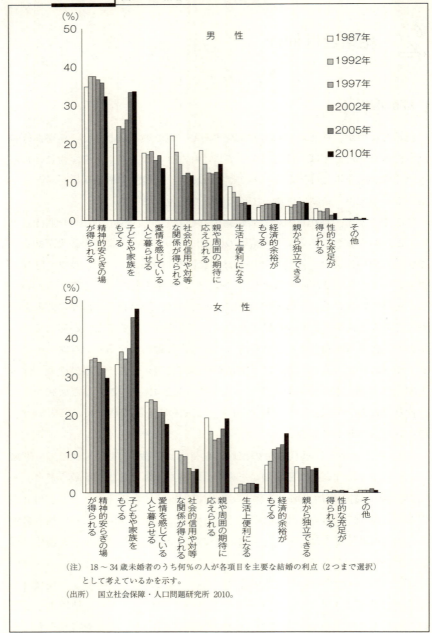

(注) 18～34歳未婚者のうち何%の人が各項目を主要な結婚の利点（2つまで選択）として考えているかを示す。
(出所) 国立社会保障・人口問題研究所 2010。

（≒生殖と生活保障）」「精神的な安らぎの場が得られる（≒愛）」「現在愛情を感じている人と暮らせる（≒愛と生活保障）」である。つまり現代日本の若者が結婚に期待している主な機能は，①愛，②生活保障，③生殖の3つであるといえる。これらと異なり「性的な充足（≒性）」は，結婚だけに期待するものとは考えていないようである。現代日本の若者は，結婚前の性関係に許容的である（→本章第5節）ことからも，こう考えることができる。

では①愛，②生活保障，③生殖という結婚に対する期待は，時代によって変化しているのか，また男女で同じだろうか。図4-1で1980年代〜2010年の変化に注目すると，まず男女で共通の変化として，「子どもや家族をもてる（生殖と生活保障）」は近年急増している。一方「精神的な安らぎの場が得られる（愛）」と「愛情を感じている人と暮らせる（愛と生活保障）」は近年減少傾向にある。こうした変化は何を意味しているのだろう。たとえば「③生殖は結婚の中でしかできないが，①愛しあうことは結婚の中とは限らない」という意識が強まっていると解釈することも可能である。

一方，男女で異なるのは，結婚に対する「生活保障」面での期待である。男性では「生活上便利になる」が減少しているのに対し，女性では「経済的余裕がもてる」が逆に増加している。つまり男性は結婚において，家事という形での生活保障をあまり重視しなくなっているのに対し，女性は経済的支援という生活保障をより重視するようになっているのかもしれない。

次に図4-2で結婚相手に求める条件をみると，まず男女で共通なのは，「人柄」を重視する人がもっとも多く，次いで「家事の能力」「仕事への理解」を重視する人も多いことである。次に男女で異なるのは，男性では相手の「容姿」を重視する人が女性よりやや多いのに対して，女性では相手の「経済力」や「職業」を重視する人が男性に比べて圧倒的に多いことである。このことからも，先述と同様に，結婚における「生活保障」には性別分業があり，稼ぎ主役割は主に男性に期待され，それに対する未婚女性からの期待が近年特に高まっているといえる。この点に注目すると先に紹介した「純粋な関係性」論は，現代日本では必ずしも当てはまらないといえる。

2　結婚とは何か　● 83

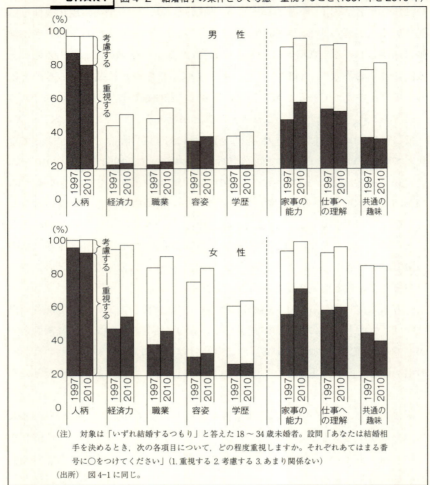

図 4-2 結婚相手の条件として考慮・重視すること(1997 年と 2010 年)

(注) 対象は「いずれ結婚するつもり」と答えた 18〜34 歳未婚者。設問「あなたは結婚相手を決めるとき,次の各項目について,どの程度重視しますか。それぞれあてはまる番号に○をつけてください」(1. 重視する 2. 考慮する 3. あまり関係ない)
(出所) 図 4-1 に同じ。

制度としての結婚

次に制度という面から結婚とは何かについて考えよう。文化人類学者のスティーブンス (1971〔1963〕) は,永続的であるという観念をもって企図され,公に披露されることをもって始まる,社会的に適法な性的結合で,多かれ少なかれ明示的な契約に基づいており,その契約は当事者間の権利・義務を明示するもの,と結婚を定義している (善積 2009)。つまり結婚とは,①性的結合,

②持続的関係性の観念（たとえば「死が2人を分かつまで愛し合うことを誓う」といった観念），③社会的に適法な性的結合（たとえば多くの社会で近親者間の性関係や結婚を禁止する規範があり，これをインセスト・タブーと呼ぶ。ただしどの範囲を近親婚としてタブー視するかは社会によって異なる。現代日本で法的に禁止されているのは，直系血族〔親子，祖父母と孫など〕，三親等内の傍系血族〔兄弟姉妹間，おじ姪，おば甥〕，直系姻族〔義理の親子〕，養親とその直系尊属，養子とその直系卑属の結婚である。しかし『古事記』や『日本書紀』には王族・皇族において異母兄弟姉妹婚やおじ姪婚の例が数多く記載されている），④社会的承認（たとえば親族・近隣の人・友人・仕事関係者などを前にして行う結婚式や，婚姻届を役所に提出して戸籍に登録するといった公的な結婚登録など），⑤社会的に明示された当事者間の権利・義務（たとえば日本の現行家族法によると，夫婦には同居，協力，扶助といった義務があり，当事者の合意なくこれに違反すると法律に基づいて同居請求や婚姻費用の分担請求ができるなど），といった要素によって定義できる。

　上記のような結婚の要素は，同棲と比較するとどの点が似ており，どの点が異なるだろうか。結婚と同棲は，①性的結合という点では似ている。しかし②持続的関係性の観念は，同棲ではそれほど強くないことが多いし，③社会的に適法ということも，同棲ではそれほど強く求められない（たとえば近親者間において，内縁関係は公的に認定されうるが，婚姻届は受理されない）。さらに④社会的承認や，⑤権利・義務の社会的明示といったことも，同棲では行われないことが多い。つまり③④⑤の要素は，結婚が単なる私的な関係ではなく，公的な関係，いわば制度であることを示している。

　ではなぜ結婚においては，③どのような関係を結婚と認めるかを法的に定め，それを④社会的に承認し，⑤当事者間の権利・義務を法律で定めるのか。二宮（2007）は次のように説明している。先にみたように家族には，「愛」「生殖」「生活保障（子どもの世話・教育も含む）」といった重要な機能がある。これらは家族にとって重要なだけでなく，社会にとっても人口の維持，労働力の再生産，文化の伝承と保持，社会の安定化などを意味し，家族がこのような機能を果たさないと社会は成り立たない。そこで社会（近代社会では国家）は，家族を形成する基礎となる結婚を，単に私的な関係ではなく法律上の制度とし，③どのような人が結婚できるかを定め（たとえば婚姻適齢，重婚や近親婚の禁止など），④

結婚を国家に登録させる（たとえば戸籍登録）とともに，⑤一定の権利や義務を発生させ，一方的な離婚を否定して，結婚の安定化を図ろうとするのである。

日本における結婚制度の変化——明治民法の家制度から現行家族法へ

結婚制度は時代や社会によっても変化する。なぜなら家族に期待される役割が変化するからである（→第2章）。日本においては，1898（明治31）年に施行された**明治民法**が家制度に基づく結婚を制度化した。しかし第二次世界大戦後に家制度が廃止され**現行民法**へ改正されるにともない，結婚制度も変化した。この変化は，①「家の問題」としての結婚から，「当事者個人の合意」に基づく結婚へ，②「不平等」な夫婦関係から，少なくとも形式的には「平等」な夫婦関係へ，③「父系の直系家族」（男子の1人が結婚後も親と同居する）を形成する結婚から，「性別分業型の核家族」（夫婦と未婚の子からなる家族）を形成する結婚へととらえることができる（→第2章の表2-4）。

具体的に述べると第1に，明治民法では結婚するには，男性は30歳まで，女性は25歳まで父母の同意が必要だったし，戸主（家の長）の同意は一生を通じて必要だった。もっとも，戸主の同意を得なくても結婚を強行することはできたが，その場合，戸主はその人を戸籍から排除するといった制裁を加えることができた。したがって結婚は個人的自由の問題であるより，「家」の問題だった。これに対して戦後に成立した日本国憲法24条は「婚姻は，両性の合意のみに基いて成立し，夫婦が同等の権利を有することを基本として，相互の協力により，維持されなければならない」「配偶者の選択，財産権，相続，住居の選定，離婚並びに婚姻及び家族に関するその他の事項に関しては，法律は，個人の尊厳と両性の本質的平等に立脚して，制定されなければならない」と宣言した。民法もこれに基づいて改正され，結婚は個人の自由な選択に基づくものとなった（ただし法的婚姻適齢は男性18歳以上，女性16歳以上なので，未成年の男女の結婚には父母の同意が必要）（利谷 2010）。

第2に，明治民法・戸籍法では，結婚すると妻は，戸主（たとえば夫の父）の同意を得て，夫が属する家（家の戸籍）に入り，夫の父母・きょうだいなどと戸籍を同じくする（したがって姓を同じくする）ことになっていた。つまり夫の親・きょうだいなどからなる直系家族に，妻が後から加わるというのが明治民

法の結婚であり，ここには夫婦の不平等がある。それに対して現行の戸籍法は，親夫婦と子夫婦が戸籍を同じくすることを禁じた。したがって夫婦は結婚とともに親の戸籍を離脱し，自分たちの戸籍を新たにつくることになった。また姓については，夫または妻のどちらか一方の姓を名のることになった（つまり強制的夫婦同氏〔同姓〕制が採用された）。現行制度の背後にある家族像は核家族であり，形式的には夫婦平等になったのである（利谷 2010）。

第3に，夫婦の財産関係について，明治民法は，夫と妻に形式的には別産制（夫のものは夫のもの，妻のものは妻のもの）を認めたものの，夫に妻の財産の管理権を与え（つまり妻は自分の財産を自由に処分することができなかった），帰属不明の財産は夫のものと推定し，それを前提に夫婦の共同生活に必要な費用は夫が負担することにした。さらに日常の家事に関する債務については，妻を夫の代理人とみなし，妻は自分の判断では契約などができなかった。これらは妻を夫の意思に服するものとみなすという，夫婦の不平等のもとに成り立っている制度である。それに対して戦後の憲法は男女の平等を保障しており，これに従って現行民法は，夫婦の財産について別産制を採用し，夫と妻のそれぞれが自分の財産の所有権・管理権をもつことになった（利谷 2010）。

以上のような内容をもつ現行家族法（民法や戸籍法など）は，人々がもつ家族や結婚のイメージを，明治民法や旧戸籍法が想定するような家制度・直系家族に基づくものから，現行戸籍法が想定するような核家族に基づくものに変える役割を果たした。こうした変化は見合い結婚と恋愛結婚の比率の変化に表れている。見合い結婚は戦前には約7割を占めていたが，戦後は一貫して減少を続け，1960年代末には恋愛結婚が見合い結婚を上回った。1990年代半ば以降，恋愛結婚が9割近くを占め，見合い結婚は1割を下回っている。

現行家族法における結婚制度の問題点

では現行家族法は，実態として存在する夫婦間の不平等や性別分業（たとえば夫を家族の長とする意識や，女性より男性を優先する雇用慣行など）を是正する力があっただろうか。

1つめの例として，「夫または妻の姓を名のる」という強制的夫婦同姓制について考えよう。この規定はたしかに形式的には夫婦平等である。しかし妻の

姓を選択する夫婦は今日でも非常にまれで，ほとんどは夫の姓を選択する。この事実は，形式的には夫婦平等にみえる「夫または妻の姓を名のる」という規定が，実際は夫婦の不平等や性別分業を正当化するように働いていることを示しているのではないか。たとえば現行制度では，自分の姓を夫婦の姓として選択した者が戸籍の筆頭者となることになっているので，ほとんどの夫婦で筆頭者は夫である。筆頭者であることに法的な意味はないが，人々の意識においては家族内の序列を示していると理解される傾向にある（たとえばあなたが結婚したとき，妻のほうが戸籍筆頭者になるという状況を想像してみよう。どのような感覚を経験するだろうか）。つまり強制的夫婦同姓という制度があり，そこで夫の姓が夫婦の姓として選択されがちなことは，家族の長は夫であるという意識を強める役割を果たしているのではないか（夫婦別姓を求める動きについては，→第1章）。

　2つめの例として，夫婦財産の別産制について考えよう。この規定も「夫のものは夫のもの，妻のものは妻のもの」でたしかに形式的には夫婦平等である。ではこの規定は，夫婦の経済力を平等化するように働いているだろうか。実際には，夫が働いて賃金を得，妻は賃金なしで家事・育児・介護をするという性別分業のもとでは，夫は自分の財産を形成できるが，妻は賃金がない（あるいは少ない）ために財産はわずかである。そのため妻は夫の財産に依存せざるをえず，夫と離死別した場合は貧困に陥りやすい（→第3章）。つまり性別分業という現実があるなかでの夫婦財産別産制は，夫婦の経済的不平等を是正する力が弱い。

　以上から現行家族法は，形式的には夫婦平等の規定になっているが，現実に存在する夫婦間の不平等や性別分業を是正する力は弱く，むしろそれらを正当化することになっているといえるのではないか。

社会の変化と結婚の変化

　ここまでの検討から，戦後の結婚は，「性別分業に基づく核家族」型の結婚であるといえる。ではこのタイプの結婚は，戦後の日本社会とどのような関係にあったのか。

　戦争直後の混乱期（1945年〜50年代半ば）をのぞいて，戦後の日本は経済成

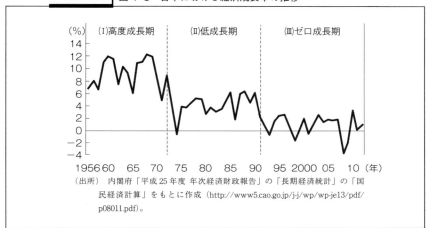

CHART 図4-3 日本における経済成長率の推移

(出所) 内閣府「平成25年度 年次経済財政報告」の「長期経済統計」の「国民経済計算」をもとに作成 (http://www5.cao.go.jp/j-j/wp/wp-je13/pdf/p08011.pdf)。

長率という点から3つの時期に分けることができる。図4-3に示したように，(I)高度経済成長期（高度成長期と略す。1950年代後半～1970年代初頭までで平均成長率9％程度），(II)低成長期（1970年代初め～1990年頃までで同4％程度），そして(III)ゼロ成長期（「平成不況」「失われた20年」などとも呼ばれる1990年代初め～2010年頃までで同1％未満）である。

この時期区分を念頭に，図4-4で戦後から今日までの婚姻率と離婚率を見ると，両者は対応した動きを示している。まず(I)高度成長期は，婚姻率は上昇し，逆に離婚率は低い。この時期は「性別分業に基づく核家族」型の結婚のいわば最盛期である。このタイプの結婚は高度経済成長期の社会によく適合し，家族の側から高度経済成長を推し進める力ともなった。たとえば高度成長のためには産業間（農林水産業から商工業へ），地域間（農山漁村から都市へ）の人の移動が必要とされるが，性別分業型の核家族（親とは別居，夫だけが働く）は移動がしやすい。さらに高度成長による賃金の上昇は，夫1人の賃金で妻子を養うことを可能にしたし，夫は妻の家事・育児・介護に支えられて仕事に全力投球できた。つまり，戦後の現行家族法に基づく結婚制度と，高度成長期の社会は，いわば蜜月関係にあったといえる。

しかし(II)低成長期に入ると，「性別分業に基づく核家族」型結婚の最盛期は終わる。図4-4に示したように婚姻率は1970年頃を境に低下し，その後も低いままに今日まで横ばい状態が続いている。逆に離婚率は上昇し，特に(III)ゼロ

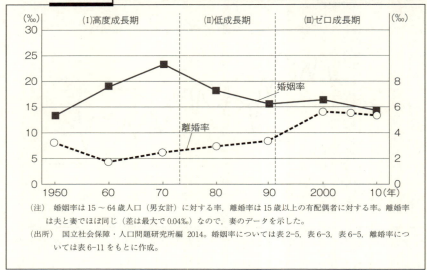

CHART 図 4-4　日本における婚姻率（左目盛り）と離婚率（右目盛り）の推移

(注)　婚姻率は 15～64 歳人口（男女計）に対する率，離婚率は 15 歳以上の有配偶者に対する率。離婚率は夫と妻でほぼ同じ（差は最大で 0.04‰）なので，妻のデータを示した。
(出所)　国立社会保障・人口問題研究所編 2014。婚姻率については表 2-5，表 6-3，表 6-5，離婚率については表 6-11 をもとに作成。

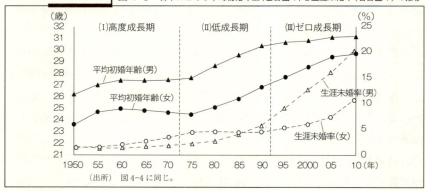

CHART 図 4-5　日本における平均初婚年齢（左目盛り）と生涯未婚率（右目盛り）の推移

(出所)　図 4-4 に同じ。

成長期に入ると急上昇し，2000 年代始めに戦後最高水準に達する。その後はやや低下傾向にあるが，高い離婚率が続いていることに変わりはない。

　図 4-5 に示した初婚年齢や生涯未婚率においても，上記のような経済成長の時期区分との対応関係がみられる。まず初婚年齢は男女ともに，(Ⅰ)高度成長期は横ばい，あるいは低下傾向を示していた。つまりこの時期は人々が比較的早く結婚する傾向にあり，この点からも高度成長期は「性別分業に基づく核家族」型の結婚の最盛期だったといえる。しかしその後の(Ⅱ)低成長期～(Ⅲ)ゼロ成

長期になると初婚年齢は上昇している。次に生涯未婚率をみると，(Ⅲ)ゼロ成長期に男性の生涯未婚率が急上昇し，女性のそれもやや遅れて大きく上昇している。

つまり「性別分業に基づく核家族」型の結婚は，(Ⅰ)高度成長期に最盛期を迎えたが，(Ⅱ)低成長期にはそれが終わったようである。ではこの時期以降の低い婚姻率と，高い離婚率・平均初婚年齢・生涯未婚率は，結婚の衰退を意味するのだろうか，それとも社会に適応した変化を意味するのか。変化しているとすればどのような変化なのか。

未婚化という変化

未婚化が社会に与える影響

まず未婚化に注目して考えよう。現行憲法の下では，結婚は個人の選択であり，家族や社会が強制するものではない。しかし未婚化は社会にさまざまな影響をもたらす。まず日本においては，第5節で紹介する欧米とは異なり，結婚外での出産は制度的・社会的に強く抑制されているため，出産はほとんどが結婚の中で起こる（→第6章）。したがって未婚化は直接的に出生率を低下させる。出生率の低下は，人口減少につながる。それだけでなく，現役世代が少なく高齢世代が多いという人口構造をもたらすため，労働力人口の減少や社会保障費の増大を通じて，経済成長を抑制する。また生涯未婚率の上昇は，配偶者も子もいない単身高齢者の増加につながり、人々の生活を不安定化する。以上のように人口構造の変化は，社会の仕組みや存続自体に大きな影響を及ぼす。

未婚化の要因に関するさまざまな仮説

それではなぜ未婚化が進行しているのか。これについては大きく2つの説がある。1つめは，「結婚しなくてもよい，必要がない」と考える人が増えた，つまり若い世代は自発的に未婚を選択しているという「自発的未婚」説である。この中には，高学歴化や就業機会の増加によって女性の経済的自立が可能に

なったため女性は結婚を選択しなくなったという説（たとえば八代 1993；大橋 1993）や，結婚せずとも異性との交際や性関係が可能になったために，若者は結婚を選択しなくなったという説（山田 1996）などが含まれる。またコンビニなどの発達によって家事なしでも生活できるために，人々は結婚を選択しなくなったという説もある。

　これに対して 2 つめの仮説は，若い世代は結婚したいと思っているが，できなくなった，つまり何らかの社会的障害によって自分の意に反して未婚に追い込まれているという「非自発的未婚」説である。「非自発的未婚」説は，何を社会的障害と考えるかによって大きく 2 つに分けられる。1 つめは，結婚相手と出会う機会が乏しくなったことに注目する説で，「共同体による配偶者選択支援の弱化」説と呼ぼう（岩澤・三田 2005；加藤 2011 など）。この説によると，男女共学，女性の職場進出などにより，学校・職場などで異性と日常的に接する機会はたしかに増えた。しかし友人・同僚にとどまることが多く，恋人まで，さらには結婚にまで進む機会は逆に減った。その理由として，個人主義イデオロギーの普及によって，結婚は家族や会社の問題でなく個人の問題と考えられるようになったため（→本章第 1 節の「個人化」論），親族・地域社会・職場などの身近な共同体による配偶者選択の支援（お見合いの設定など）が減ったことがある。

　2 つめの説は，「若者の雇用不安定化」説で，経済成長の停滞によって若者が経済的に不安定になったため，結婚したくてもできなくなったという説である（山田 1996；永瀬 2002；加藤 2011）。ただし，日本のような性別分業が強い社会では，男性の未婚化はこの説でうまく説明できるが，女性の未婚化は説明できないという仮説を立てることも可能である。というのも，性別分業の下では，男性には稼ぎ主役割が期待されるので，収入が不安定だとたしかに結婚が難しくなる。しかし女性には稼ぎ主役割は期待されないので，女性は収入が少なくても結婚相手として問題はないと考えることも可能だからである（たとえば「女性は結婚するので非正規雇用でも問題ない」といった言葉を聞いたことはないだろうか）。これらの説のうち，どれが実際のデータで支持されるだろうか。

未婚化の要因に対するデータでの検討

　まず「自発的未婚」説について検討しよう。若者の結婚意欲は低下しているだろうか。18 〜 35 歳未満を対象にした国立社会保障・人口問題研究所（2010）の調査によると，「いずれは結婚するつもり」と答えた人は，1987 年では男性 91.8％，女性 92.9％，2010 年では男性 86.3％，女性 89.4％であり，大きく減少しているとは言えない。また「今の自分にとって結婚することは利点があると思う」という人は，1987 年では男性 69.1％，女性 70.8％，2010 年では男性 62.4％，女性 75.1％であり，男性ではこの間に増減を繰り返しはっきりした傾向はみえにくいが，女性では「利点がある」という人はむしろ増加傾向にある。以上から，結婚するつもりなしという人が大きく増えているとは言えないし，結婚に利点があるという人は女性ではむしろ増えていて，「自発的未婚」説とは逆である。以上から，「自発的未婚」説だけで未婚化・晩婚化をすべて説明できるとは言えない。

　次に「非自発的未婚」説について検討しよう。その 1 つめの「共同体による配偶者選択支援の弱化」説，つまりお見合いなどの機会が乏しくなったという説についての研究をみよう。加藤（2011）は，若者が結婚する確率は，仲人ありの結婚や見合い結婚が多い年には上昇し，少ない年には低下するという結果を報告している。また岩澤・三田（2005）は，1970 年代以降の初婚率の低下量を，夫婦の出会いの機会別に分解し，初婚の低下量全体のうち約 5 割が見合い結婚の減少によって起こり，約 4 割が職場・仕事関係での結婚の減少によって起こったことを報告している。以上から，共同体による配偶者選択の支援が弱まったことにより未婚化が進んだという説は，データに適合しているといえる。

　次に「非自発的未婚説」の 2 つめ，「若者の雇用不安定化」説についてはどうか。永瀬（2002）は男女ともに，正規雇用者に比べて非正規雇用者は結婚しにくいという分析結果を報告している。また加藤（2011）によると若者の結婚確率は，経済成長率が低いと男女ともに低下する。さらに職業によっても低下の度合いが異なり，男性では大企業の就業者に比べて，中小企業・自営業・非正規雇用の就業者の結婚確率はより低い。女性の場合も非正規雇用の女性は，正規雇用の女性に比べて結婚確率が低い。以上から「若者の雇用不安定化」説

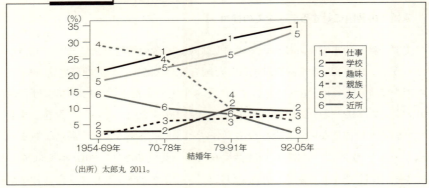

図4-6 結婚相手と知り合ったきっかけ（複数回答）

（出所）太郎丸 2011。

も，男女ともにデータに当てはまることが確認された。

ただし先述のように，「若者の雇用不安定化」説が男女ともデータに当てはまるという結果は，次のような疑問を生む。たしかに男性は稼ぎ主役割が期待されるので，雇用が不安定だと結婚相手として望ましくないとみなされ結婚確率が低下することは理解できる。しかし女性は稼ぎ主役割を期待されていないので，雇用が不安定でも結婚の障害になることは少ないように思える。しかし現実には，女性も非正規雇用だと結婚しにくいことがデータで示されている。なぜ女性も，非正規雇用だと結婚しにくいのか。この問いに対しては，男女の「交際圏」に注目した次のような仮説がある。非正規雇用の女性は，経済的安定のために正規雇用の男性と結婚する必要がある。しかし実際には非正規雇用の女性は，自分と同じ非正規雇用の男性と出会う機会は多いが，正規雇用の男性と出会う機会は少ないのではないか。そのために非正規雇用の女性も，結婚が遅れがちになるのではないか（太郎丸 2011）。

ではこの仮説はデータと適合しているだろうか。結婚相手と出会う場として，図4-6のように近年，職場（1）あるいは友人（5）を通じてという場合が多い。まず職場における正規雇用と非正規雇用の比率を見ると，図4-7のように非正規雇用の女性の職場では，非正規雇用の人は多いが，正規雇用の人は少ない（つまり非正規雇用の男性と出会う機会は多いが正規雇用の男性と出会う機会は少ない）。次に友人のなかでの正規／非正規比率については調査されていないが，非正規雇用の人は，自分と同じ非正規雇用の友人が多いといった傾向はあるのではないか（あなたの周辺について実際に調べてみよう）。こうした交際圏の違いは，結

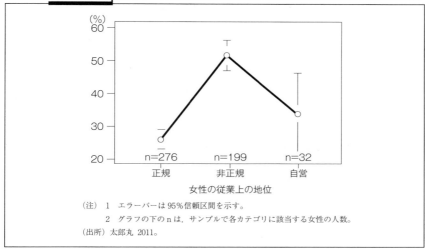

図 4-7 　40 歳未満の女性の職場における非正規雇用者の割合（女性の従業上の地位別）

（注）　1　エラーバーは 95％信頼区間を示す。
　　　　2　グラフの下の n は，サンプルで各カテゴリに該当する女性の人数。
（出所）　太郎丸 2011。

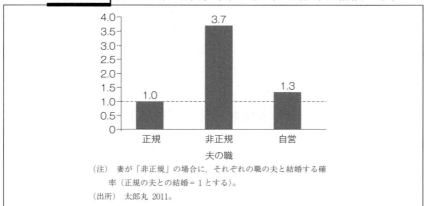

図 4-8 　非正規雇用の女性がそれぞれの職の夫と結婚する確率

（注）　妻が「非正規」の場合に，それぞれの職の夫と結婚する確率（正規の夫との結婚＝1 とする）。
（出所）　太郎丸 2011。

婚相手に影響を与える。図 4-8 によると，非正規雇用の女性が正規雇用の男性と結婚する確率を 1 とすると，非正規雇用の男性と結婚する確率はその 3.7 倍も多い。つまり非正規雇用の女性は，正規雇用の男性とは結婚しにくく，非正規雇用の男性と結婚しやすい。

　まとめると，男女ともに雇用不安定化によって結婚確率は低下するが，性別役割分業があるために，低下の道筋は男女で異なる。男性は稼ぎ主役割を期待されるため，非正規雇用は直接的に結婚確率を低下させる。一方，女性は稼ぎ

主役割は期待されないため，非正規雇用が直接的に結婚確率を低下させることは少ないが，非正規雇用だと正規雇用の男性と出会う機会が少ないという間接的な効果のために，結婚確率が低下する。

　以上から未婚化について，「自発的未婚」説でもいくらかは説明できるが，むしろ「非自発的未婚」説，つまり「共同体による配偶者選択支援の弱化」説や「若者の雇用不安定化」説で説明できる部分が大きいといえる。

▌ 未婚化への社会的対応 ▌

　では未婚化に対してどのような対応が考えられるか。それを考えるために，表4-1のように，社会学者のマートンの目的・手段図式を使って，結婚と社会の適合／不適合について整理しよう。マートンによると社会には，その社会にとっての望ましい行動を示す「文化的目標」と，それを達成するにおいて社会的に望ましいとされる手段である「制度的手段」がある（マートン 1961〔1949〕）。戦後の日本において，ある程度の年齢になったら結婚すること，しかもどんな結婚でもよいというのではなく，男は仕事，女は家庭という男性稼ぎ主型の結婚をすることは，多くの人が望ましいと考える生き方であり「文化的目標」だった。そしてその目標を達成するための「制度的手段」として，(I)高度成長期（→第2節）までは，親族・地域社会・会社といった共同体による配偶者選択の支援と，男性の雇用安定があった。しかし(II)低成長期以降，この2つの「制度的手段」が失われていった。具体的には，前者は個人主義イデオロギーの普及によって弱まり，後者はグローバル競争の激化による新卒一括正規採用という慣行の揺らぎによって弱まった。つまり男性稼ぎ主型の結婚が望ましいという「文化的目標」は維持されているにもかかわらず，それを実現するための「制度的手段」は揺らいでいる。こうした目標と手段のずれによって，「結婚したいけど，できない」という「非自発的未婚」化が進行している。

　では未婚化に対してどのような対応が考えられるか。これからの日本社会は，少子高齢化による労働力不足に直面するだろう（→第7章）。さらに，グローバル化に対応するために，画一的な人材ではなく，多様な思考やスキルをもった多様な人材が求められるだろう。こういった社会的課題を考えると，女性の労働参加は不可欠だろう。したがって，まず結婚における「文化的目標」を，性

CHART 表 4-1 「文化的目標」と「制度的手段」のずれと未婚化

	(I)高度成長期 1950年代後半〜70年代初頭	(II)低成長期 1970年代初め〜80年代	(III)ゼロ成長期 1990年代〜	今後に望まれる対応
文化的目標 ・男性稼ぎ主型の結婚	○	○	○	・共働き型の結婚
制度的手段 ・共同体による配偶者選択の支援	○	△	×	・配偶者選択支援の新しい制度
・男性の雇用安定	○	△	×	・共働きを支える制度

別分業型（男性稼ぎ主型）の結婚から，男女が共に社会で能力を発揮しつつ家事・育児も分担するといった共稼ぎ型の結婚に変えていく必要がある。そしてそれを実現するための「制度的手段」として，共働きを支えるような制度を整えることが求められる（たとえば育児・介護休業や保育・介護サービスなどのケア支援，職場における男女の平等など）（→第5章）。また配偶者選択の支援についても，個人の選択の自由と調和する形での配偶者選択の支援システムを，模索する動きもある。これについては山田・白河が，「就職活動（就活）」からヒントを得て「結婚活動（婚活）」と呼んだ。婚活については山田・白河（2008），佐藤・永井・三輪（2010）などの研究がある。

離婚における変化

統計からみる離婚の概況

前節でみた未婚化は，結婚のいわば入口における揺らぎである。この節では結婚の出口における揺らぎ，つまり離婚についてみていこう。

まず戦後の日本については図4-4でみたように，(I)高度成長期には離婚率は低かったが，続く(II)低成長期に入ると上昇し，特に不況が深刻化した(III)ゼロ成長期には離婚率は戦後最高を記録した。

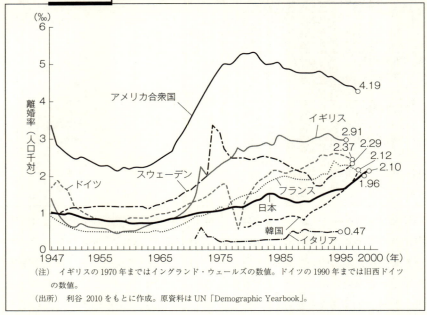

図4-9 日本と諸外国における離婚率の推移

(注) イギリスの1970年までは イングランド・ウェールズの数値。ドイツの1990年までは旧西ドイツの数値。
(出所) 利谷 2010 をもとに作成。原資料は UN「Demographic Yearbook」。

次に欧米や他のアジア諸国における離婚率の変化を日本と比較しよう。図4-9に示したように欧米においては，日本に数年先行する形で同様の変化がみられる。つまり第二次大戦直後の混乱期には離婚率は高まるが，その後の高度成長期（1950年代～60年代半ば頃）には低下し，さらにその後の1960年代後半からは再び上昇する。ただし欧米では，1980年代あたりから離婚率の急上昇は終息し，横ばいか低下の傾向がみられる。それに対して日本や韓国の離婚率は，1990年代半ばまでは欧米より低かったが，その後に急上昇したため，2000年代に入るとフランスなどとほぼ同じ水準になった。

離婚についての意識

次に離婚についての意識をみていこう。「離婚が増えたのは，『結婚に不満なら離婚すればいい』と考える人が増えたからだ」といった説を耳にすることがあるが，そうなのだろうか。

「結婚しても相手に満足できないときは離婚すればよい」という意識については1992年から継続して調査が行われている（内閣府大臣官房政府広報室 2009）。

これに「賛成／どちらかといえば賛成」という人は，1990年代の前半にはやや増加しているが，後半～2000年代初めは特に増加していない。それに対して現実の離婚率は，先に図4-4でみたように，同じ期間（1990年～2000年頃）に一貫して急上昇している。つまりこの期間，現実の離婚率と人々の意識は必ずしも対応していない。さらに2000年以降については，実際の離婚率は低下傾向を示しているが，人々の意識については「結婚しても相手に満足できないときは離婚すればよい」に「賛成／どちらかといえば賛成」が増えたり減ったりしており，必ずしも一貫した低下傾向を示してはいない。ここでも現実の離婚率と人々の意識は対応していない。

したがって離婚率の変化は，人々の意識だけでは説明できず，経済状況（たとえば景気がよい時期には離婚しにくく，悪い時期には離婚しやすいかもしれない）や人口学的要因（たとえば一般的に離婚は若年層で多いために，若年層が多いという人口構成の時期には離婚数が多くなるが，少子高齢化が進んで高齢層が多いという人口構成の時期には離婚数が減る）など，多様な側面から考えることが重要である。

離 婚 制 度

Columu③で述べたように戦後日本の主な離婚制度は，①協議離婚，②調停離婚，③審判離婚，④和解離婚，⑤認諾離婚，⑥判決離婚である。⑥の判決離婚は量的には少数だが，そこでの決定は判例となって他の離婚に影響を及ぼすので，影響力という点で重要である。この判決離婚は，当事者の一方は離婚を望まないにもかかわらず，裁判所の力で強制的に離婚が成立するので，不合理な離婚が認められないよう，どのような場合に離婚を認めるかについて，現行民法では5つの離婚原因が規定されている。このうちの「その他婚姻を継続し難い重大な事由があるとき」という規定の解釈について近年，以下のように大きな変化がおこっている。

たとえば次のような例を考えよう。夫婦の一方に不貞などの義務違反があり，夫婦生活が破綻している（たとえば別居が30年続き，この間に別の相手と長年にわたり生活を共にし，子をもうけ，配偶者とはほとんど会っていないなど）。しかし，義務違反をしていない側の配偶者は離婚を望んでいない。にもかかわらず，義務違反をして関係破綻の原因をつくった配偶者（有責配偶者）が「このような状

Column ③ 第二次世界大戦後の日本における離婚制度

　戦後日本における離婚制度について説明しよう（くわしくは利谷〔2010〕を参照）。日本においては，①協議離婚，②調停離婚，③審判離婚，裁判中の④和解による離婚と⑤請求の認諾による離婚，そして裁判による⑥判決離婚という6種類の離婚を認めている。

　それぞれの離婚はどのような手続きで成立するか。

　①協議離婚　　離婚について夫婦の意見が一致すれば，夫婦の署名押印のある離婚届を市（区）町村長に提出・受理されれば成立する。これが協議離婚である。多くの先進諸国では離婚に裁判所などの許可が必要とされるが，協議離婚では届出だけで成立するので，世界でもっとも簡単な離婚制度の1つといわれる。

　②調停離婚　　夫婦間で離婚の協議が成立しない場合は，当事者は家庭裁判所に調停を申し立てることができる。調停による夫婦関係の調整によって離婚が回避される場合もあるが，離婚の合意ができた場合は調停調書が作成され，離婚が成立する。これが調停離婚である。

　③審判離婚　　調停においておおよそ離婚の合意が成立しているにもかかわらず，わずかな意見の対立があるために調停が成立しない場合は，家庭裁判所が審判をすることによって離婚が成立する。これが審判離婚である。

　④和解離婚・⑤認諾離婚　　調停離婚・審判離婚が成立しない場合，最後の手段として残されているのが家庭裁判所に申し立てる離婚訴訟である。ただし

態が30年も続いていることは『その他婚姻を継続し難い重大な事由』にあたる」と主張し，離婚を請求したとする。上記のような状態は「その他婚姻を継続し難い重大な事由」に当たるのか。

　これに対しては2つの考え方がある。1つめは積極的破綻主義とよばれ，夫婦関係の実質に注目し，長期の別居などによって関係が実質的に破綻している場合は「その他婚姻を継続し難い重大な事由」に当たるので，たとえ有責配偶者からの離婚請求であっても認めるという立場である。この理由として，形骸化した結婚を裁判所の判断で強制的に維持することは，どちらの当事者にとってもよいことではない。したがってたとえ有責配偶者からの離婚請求であっても認めて，破綻した結婚を清算し新しい人生を始めるようにすべきだといった

訴訟中に和解や，請求の認諾がなされれば離婚が成立する。これが和解離婚と認諾離婚である。

　⑥判決離婚　　離婚訴訟中に和解や請求の認諾が成立しなければ，離婚が認められるかどうかを裁判所が判断する。これが判決離婚である。

　①～⑤の離婚は夫婦間の合意に基づいて成立する。しかし⑥の判決離婚は，夫婦間での合意はない（つまり夫婦の一方は離婚を望んでいない）にもかかわらず，裁判所の力で強制的に離婚が成立する。したがって不合理な離婚が認められないよう，どのような場合に離婚を認めるかについて民法で離婚原因が規定されている。現行民法では，4つの具体的理由（不貞行為，悪意の遺棄，3年以上の生死不明，回復の見込みのない強度の精神病）に加えて，1つの総合的・抽象的理由（その他婚姻を継続し難い重大な事由があるとき）があげられている。

　日本では離婚のほとんどは①協議離婚である。2008年を例にみると，多い順に①協議離婚が87.8％，②調停離婚が9.7％，⑥判決離婚1.4％，④和解離婚が1％であり，③審判離婚・⑤認諾離婚は0.1％にも満たない（「平成21年度 離婚に関する統計」〔http://www.e-stat.go.jp/SG1/estat/GL08020103.do?_toGL08020103_&listID=000001067048〕の表8参照）。裁判による⑥判決離婚は，量的には少数であるが，そこでの決定は判例となって他の離婚に影響を及ぼすので，質的には重要である。

ことがある。これはどちらかというと結婚における「愛」という機能を重視している。

　2つめは消極的破綻主義とよばれ，夫婦関係が破綻している場合，どちらが原因をつくったかに注目し，原因をつくったほうの配偶者（有責配偶者）からの離婚請求は認めないという立場である。したがって自分が破綻原因をつくりさえしなければ，たとえ相手が離婚を請求しても，離婚は認められないことになる。消極的破綻主義を支持する議論は，これによって無責任な配偶者からの離婚請求は不可能になるので，夫婦における弱者（たとえば無収入の妻）を保護できるといったものである。この立場は結婚における「生活保障」を重視している。

欧米においては1960年代後半以降の離婚の増加（図4-9）に対応し，積極的破綻主義に基づくものへと離婚法が改正された。一方，戦後の日本においては，先にみたように民法では**破綻主義**の条文が取り入れられていたが，裁判においては長く消極的破綻主義の考え方がとられ，有責配偶者からの離婚請求は認められなかった（利谷 2010）。しかし，別居期間が20年，30年といった離婚を認めないことに対してしだいに疑問がもたれるようになり，下級審判決が有責配偶者からの離婚請求を認めるケースが出てきた。そして1987年に最高裁判所が，相当長期の別居，未成熟子（経済的に自立していない子）がいないこと，離婚によって相手が過酷な状況に陥るなど著しく社会正義に反するといえる特段の事情がないこと，といった条件を満たす場合に，有責配偶者からの離婚請求を認めるという判決を出した。以後は，有責配偶者からの離婚請求を認める判決と認めない判決の両方が出されているが，裁判所の考えはしだいに積極的破綻主義に傾いている（増本 2009）。つまり結婚における「愛」を重視する方向に進んでいるといえる。

それでは離婚を認めた場合，弱者（たとえば無収入の妻）への「生活保障」はどうなるのか。これに対しては離婚時の財産分与・年金分割・子どもの養育費の支払いなどについての取り決めで対応することが期待されている。しかし現実には，離婚時に財産分与や養育費の取り決めをしている場合は多くない。財産分与については，調停離婚（裁判所が関与）でさえ，取り決め「あり」の場合が27.3％に過ぎず，協議離婚（裁判所の関与なし）ではさらに少ないと予想される（利谷 2010）。養育費についても，2006年の「母子世帯調査」によると，取り決め「あり」の場合は38.8％に過ぎない（利谷 2010）。これらの結果，母子世帯は貧困に陥りやすい（→第3章）。こうしたことを避けるために，離婚時に財産分与・年金分割・子どもの養育費の支払いなどの取り決めを行うように促し，さらにその取り決めが実行されるように支援する制度の構築が求められる。

5 パートナーシップの多様化

欧米の状況

　ここまでは法律婚（婚姻届けを提出した結婚）に注目し，その入り口（未婚化）と出口（離婚）における変化をみてきた。しかし変化は，法律婚の外部でも起きており，こうした外部の変化が法律婚にも影響を与えている。

　法律婚の外部の変化として，まず同棲の増加がある。図4-10によると，欧米では同棲の経験者が多数派を占めている。しかもフランスやスウェーデンのように，同棲を経て結婚に進むつもりの人より，結婚せずに同棲を続けるつもりの人のほうが多い国もある。こうして同棲が増えるにつれ，結婚の外で子どもを産むことも多くなった。その結果，国によって異なるが1960年代末から徐々に婚外子に対する差別が撤廃されており，近年では第6章の図6-4のように，婚外子が3〜5割を占めるようになった。つまり欧米では，「婚外子をもつ」＝「結婚の外あるいは前に出産がある」＝「同居→妊娠→出産（→その一部は結婚）」が通常のライフスタイルになっている。

　さらに欧米では，同棲（事実婚）に対する制度的扱いの見直しが進められてきた。たとえば，同棲（事実婚）を，一定の条件の下で法律婚に準ずるように扱うような制度もつくられている。こうした制度の趣旨は，法律婚に対して与えられている公的保護（税・社会保障・相続などにおける優遇，離婚時における財産の分割についての取り決めへの公的介入，病気などの場合に配偶者として立ち会えることなど）を，事実婚にも認めるということである。さらに保護される事実婚の中には，同性同士のカップルを認める国もあるし，同性同士の法的結婚を認めている国もある（杉浦 2007）（→第8章）。

　欧米におけるこのような結婚制度の見直しの背景には，婚外子の親，事実婚を選択したカップル，同性同士のカップルなどの当事者による，国家や社会に対する根強い働きかけがある。これらの人々が求めたのは，自分たちが経済的・社会的に不利に扱われないといった実利的な意味だけでなく，自分たちの

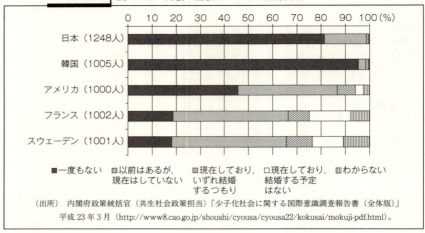

図 4-10 同棲の経験についての国際比較

（出所）内閣府政策統括官（共生社会政策担当）「少子化社会に関する国際意識調査報告書（全体版）」平成 23 年 3 月（http://www8.cao.go.jp/shoushi/cyousa/cyousa22/kokusai/mokuji-pdf.html）。

関係やライフスタイルを，社会・国家のなかで正当なものと位置づけてほしい（承認）というアイデンティティ上の意味もある。

日本の状況

それに対して日本では，結婚前の性関係については若者の多く（たとえば 2005 年時点で大学生の男女では約 6 割，高校生の男女では 2 〜 3 割）がそれを経験している（竹田 2009）。にもかかわらず同棲については図 4-10 のように「一度もなし」が約 8 割と圧倒的多数派である。また結婚の外で子を産むというライフスタイルもほとんど受け入れられておらず，婚外子は第 6 章の図 6-4 のように非常に少ない。その代わりに日本では，妊娠先行型結婚（いわゆる「おめでた婚」「できちゃった婚」）という形をとることが多く，近年では図 4-11 のように第一子の 4 分の 1 は妊娠先行型結婚で生まれている。つまり日本で増えているのは「妊娠先行型結婚」＝「結婚の前に妊娠，後に出産がある」＝「妊娠→結婚→同居→出産」というライフスタイルで，たとえ妊娠は結婚の外で起こっても，その直後に結婚を生じさせ，出産は必ず結婚中に行うという強い力が働いている（→本章第 2 節）。こうした力が働く背景として，婚外子に対する制度的な差別（父の財産の相続は婚内子の 2 分の 1，戸籍における続柄の記載方法が婚内子と違うなど）や，社会的な偏見があった。

しかし近年，日本でもいくつかの変化がみられる。まず，婚外子に対する差

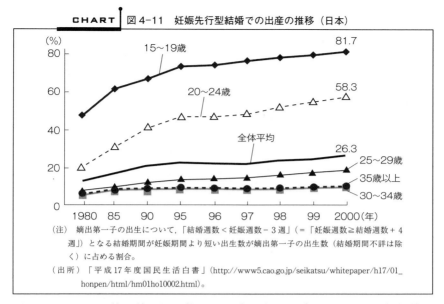

図4-11 妊娠先行型結婚での出産の推移（日本）

(注) 嫡出第一子の出生について、「結婚週数＜妊娠週数－3週」（＝「妊娠週数≧結婚週数＋4週」）となる結婚期間が妊娠期間より短い出生数が嫡出第一子の出生数（結婚期間不詳は除く）に占める割合。
(出所) 「平成17年度国民生活白書」(http://www5.cao.go.jp/seikatsu/whitepaper/h17/01_honpen/html/hm01ho10002.html)。

別に関しては，戸籍の差別的記載は2004年に規則が改められ，また相続差別は2013年に最高裁判所で違憲判決があり，婚内子と同様にするよう法律が改正された（→第6章）。一方，事実婚については，夫婦の共同生活に関連すること（たとえば夫婦の財産関係に関するさまざまな制度や，婚姻費用の分担義務など）の範囲内で，事実婚の配偶者を，法律婚の配偶者に準じて扱うことは以前から行われてきた（利谷 2010）。つまり実利的な面では，事実婚は限定的ではあるが法的に保護されてきた。しかし事実婚を正当なものとして位置づけ，そのための制度をつくるといった動き（承認と包摂）は，事実婚が少ないためか，今のところあまり進んでいない。また同性同士のカップルを実利面や正当性の面で保護することはさらに遅れている。

さて，この章でみてきたような，未婚化や離婚の変化，また婚外子・事実婚・同性同士のカップルなどパートナーシップの多様化が示しているのは，結婚の衰退だろうか，それとも現代社会に適応するための結婚の変化だろうか。もし変化を示しているなら，結婚はどのようなものへと変化しているのだろうか。

EXERCISE ●課題

① 国立社会保障・人口問題研究所「第 14 回出生動向基本調査（独身者調査）」の結果（http://www.ipss.go.jp/ps-doukou/j/doukou14_s/doukou14_s.asp 2014 年 6 月 17 日閲覧）をみて，結婚についての独身者の意識を調べよう。

② 図 4-2 の「結婚相手の条件として考慮・重視すること」と同じ調査項目を使って，「恋人の条件として考慮・重視すること」や「同棲相手の条件として考慮・重視すること」についても，クラス・ゼミ・サークルなどの友人を対象にアンケート調査をし，男女別で集計してみよう。その結果をもとに，結婚相手・恋人・同棲相手に求める条件の差や，男女でその条件がどう違うか，なぜ違うかについて話し合おう。

引用文献　　　　　　　　　　　　　　　　　　　　　　Reference ●

赤杉康伸・土屋ゆき・筒井真樹子編，2004『同性パートナー──同性婚・DP法を知るために』社会批評社

ベック，U., 1998『危険社会──新しい近代への道』（東廉・伊藤美登里訳）法政大学出版局（原著 1986）

Burgess, E. W. & H. J. Locke, 1945, *The Family: From Institution to Companionship*, American Book

ファインマン，M. A., 2003『家族，積みすぎた方舟──ポスト平等主義のフェミニズム法理論』（上野千鶴子監訳／速水葉子・穐田信子訳）学陽書房（原著 1995）

フリーダン，B., 1977『増補 新しい女性の創造』（三浦冨美子訳）大和書房（原著 1963）

ギデンズ，A., 1995『親密性の変容──近代社会におけるセクシュアリティ，愛情，エロティシズム』（松尾精文・松川昭子訳）而立書房（原著 1992）

ハワード，R. L., 1987『アメリカ家族研究の社会史』（森岡清美監訳／矢野和江訳）垣内出版（原著 1981）

岩澤美帆・三田房美，2005「職縁結婚の盛衰と未婚化の進展」『日本労働研究雑誌』535

加藤彰彦，2011「未婚化を推し進めてきた 2 つの力──経済成長の低下と個人主義のイデオロギー」『人口問題研究』67（2）

国立社会保障・人口問題研究所，2010「第 14 回出生動向基本調査（独身者調査）」（http://www.ipss.go.jp/ps-doukou/j/doukou14_s/doukou14_s.asp）

国立社会保障・人口問題研究所編，2014『人口の動向 日本と世界——人口統計資料集 2014』

増本敏子，2009「夫婦の離婚」神原文子・杉井潤子・竹田美知編『よくわかる現代家族』ミネルヴァ書房

マートン，R．K．，1961『社会理論と社会構造』（森東吾ほか訳）みすず書房（原著 1949）

永瀬伸子，2002「若年層の雇用の非正規化と結婚行動」『人口問題研究』58 (2)

内閣府大臣官房政府広報室，2009「男女共同参画社会に関する世論調査」（平成 21 年 10 月調査）（http://www8.cao.go.jp/survey/h21/h21-danjo/）

二宮周平，2007『家族と法——個人化と多様化の中で』岩波書店

落合恵美子，1989『近代家族とフェミニズム』勁草書房

大橋照枝，1993『未婚化の社会学』日本放送出版協会

パーソンズ，T．& R．F．ベールズ，1981『家族——核家族と子どもの社会化』（橋爪貞雄ほか訳）黎明書房（原著 1955）

Popenoe, D., 1988, *Disturbing the Nest: Family Change and Decline in Modern Societies*, Aldine de Gruyter

佐藤博樹・永井暁子・三輪哲，2010『結婚の壁——非婚・晩婚の構造』勁草書房

スティーブンス，W．N．，1971『家族と結婚——その比較文化的解明』（山根常男・野々山久也訳）誠信書房（原著 1963）

杉浦郁子ほか編，2007『パートナーシップ・生活と制度——結婚，事実婚，同性婚』緑風出版

竹田美知，2009「恋愛と性関係」神原文子・杉井潤子・竹田美知編『よくわかる現代家族』ミネルヴァ書房

太郎丸博，2011「若年非正規雇用と結婚」佐藤嘉倫・尾嶋史章編『現代の階層社会 1 格差と多様性』東京大学出版会

利谷信義，2010『家族の法〔第 3 版〕』有斐閣

山田昌弘，1994『近代家族のゆくえ——愛情と家族のパラドックス』新曜社

山田昌弘，1996『結婚の社会学——未婚化・晩婚化はつづくのか』丸善

山田昌弘・白河桃子，2008『「婚活」時代』Discover 21

八代尚宏，1993『結婚の経済学——結婚とは人生における最大の投資』二見書房

善積京子，2009「結婚の定義づけ」野々山久也編『論点ハンドブック 家族社会学』世界思想社

CHAPTER

第**5**章

就業と家族

KEYWORD

ワーク・ライフ・バランス（WLB）　性別役割分業　有償労働（ペイド・ワーク）
家事　育児　介護　無償労働（アンペイド・ワーク）　M字型就労　ジェンダー　男
女雇用機会均等法　育児・介護休業法　感情労働

QUESTION

1　日本の働き方の特徴は性別によってどのように異なるのか？ また，どのような
　変化が生じているのか？
2　若い女性の間でキャリア志向と専業主婦志向のどちらが支持されているの
　か？ また，それはなぜなのか？

1 はじめに

▶ ワーク・ライフ・バランスの実現に向けて

　少子高齢化が進む日本では，近い将来，大幅な労働力不足が見込まれている。
その対応策として「高齢者の活用」や「移民の受け入れ」と並んで，熱い視線
を注がれているのが「女性労働者の活用」である。しかし，その実現のために
も，また，仕事を続ける女性の増加によっていっそう高まっている「女性のケ
ア負担の軽減」というニーズに対応するためにも，第3章で指摘したように，
性別役割分業型の近代家族モデルを前提とした社会保障制度や労働市場からの
脱却が求められている。

　女性の就業を組み込んだ社会システムへの転換——個人の立場から見た場合
には「ワーク・ライフ・バランス（work-life balance：仕事と生活の調和）」の実現
——に向けての対応策を検討するため，まず，第2節ではさまざまなデータを
用いて，①日本の労働市場における女性就業の位置づけ，②家庭における女性
の役割という2つの面について実態を確認する。そのうえで，「日本社会にお
ける働き方の特徴は性別によってどのように異なるのか。また，どのような変
化が生じているのか」「若い女性の間でキャリア志向と専業主婦志向のどちら
が支持されているのか。また，それはなぜなのか」という2つの問いを立てる。

110 ● CHAPTER 5　就業と家族

これら2つの問いは，ともに「日本で女性が仕事を続けるにあたっての社会的障壁は何なのか」を問題としている。

第1章で説明したように，**性別役割分業**とは，男性は公的領域の労働（**有償労働**）に，女性は私的領域の労働（**家事**や**育児**，**介護**などの**無償労働**）に主たる責任を負うことを前提とする分業体制を指す。第3節では有償労働をめぐるさまざまな男女格差の問題と，近年，顕著になっている女性労働者内の階層分化の問題の2つを検討する。

第4節では私的領域における無償労働の問題を，①生活時間の国際比較，②家事分担の規定要因に関する仮説と分析結果の紹介によって検討することにより，性別役割分業が男性にとっても女性にとっても負担の大きいものになっていることを確認する。あわせて，離婚の増加や未婚化の進展によって生じている新たな問題についても目を向ける。

最後に，第5節では2つの問いに対する答えを提示したうえで，労働の意義を再考しつつ，「ワーク・ライフ・バランス」の実現に向けての課題を示す。

男女で大きく異なる働き方

図5-1は，1980年から2010年までの男性の就業率（15～64歳までの人口のうち，就業している者の割合）の国際比較データである。ここに示されているように，1991年以降，日本男性の就業率はもっとも高く，2010年では約89％に達する。これに対して，フランスとイタリアの就業率は70％程度にとどまっており，約20％もの開きがある。

同期間の女性の就業率を示したのが図5-2である。日本女性の就業率は1980年以来，上昇してきたものの，スウェーデンやデンマークには及ばず，就業率が上がる余地はまだ残されている。

これら2つの図を比較してみると，男性の就業率は各国とも70～90％の間にほぼ収まるのに対し，女性の就業率は30～80％まで国によるばらつきが大きいことがわかる。こうした性別による就業率の違いは，社会の変化の方向性をとらえようとする場合，男性よりも女性の働き方に着目することがより有効

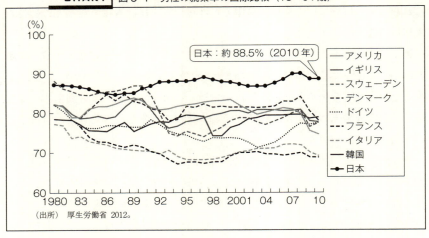

図5-1 男性の就業率の国際比較（15-64歳）

（出所）厚生労働省 2012。

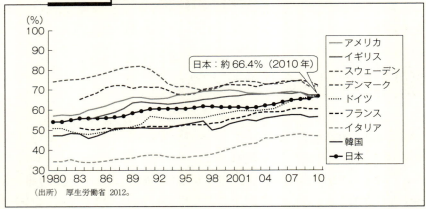

図5-2 女性の就業率の国際比較（15-64歳）

（出所）厚生労働省 2012。

であることを示している。

　図5-3は，年齢別の女性労働力率に関する5カ国の国際比較データである。スウェーデン，ドイツ，アメリカは出産・育児期にも就業率が落ち込まない「台形型」であるのに対し，韓国では30代前半，日本では30代後半で就業率がもっとも下がった後，再び上昇するいわゆる「M字型就労」である。

　また，（紙幅の制約から図は示さないが）いずれの国においても男性の場合にはこうした年齢による就業率の大きな変化はみられない。つまり，スウェーデン，ドイツ，アメリカでは男女ともに仕事をもつことを前提とした人生を送るのに

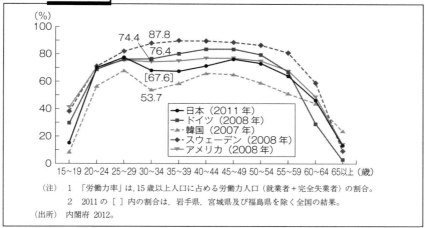

対し，日本や韓国では女性だけが結婚や出産といったライフイベントやライフコースの影響を大きく受けているというジェンダー差が存在しており，人生における仕事の位置づけが性別によって大きく異なるのである。

　こうした性別による働き方の違いは，第3章で説明した福祉レジーム類型の違いと整合的である。高水準の福祉サービスを提供するために必要な税収を確保するためにも，国家がケアを担うことによって性別に関わりなく就業を促す社会民主主義型のスウェーデンで就業率がもっとも高いのに対し，家族にケア負担を求める保守主義型の色彩を帯びていると考えられる日本や韓国では就業率が低い。ドイツは日本と同様に少子化が進み，一般的に保守主義型とみなされているにもかかわらず，アメリカよりも女性の就業率は高いが，その背景としてはアメリカよりも労働時間が短く（表5-2〔後掲〕参照），また，旧東ドイツ地域では働く女性を支える保育制度が整っているのに対し，アメリカでは国家による育児支援政策が存在しないといった違いによると考えられる。

　このように，国際的にみれば，日本女性の就業率は30代〜40代前半の層を中心にいまだ低い水準にとどまっているが，共働き世帯数は増加している（図5-4）。1997年に共働き世帯数が専業主婦世帯数を上回って以降，一貫して共働き世帯数が専業主婦世帯数より多い。1980年には専業主婦世帯が全体の約3分の2を占めていたのに対し，2013年には共働き世帯がほぼ3分の2に達しており，いまや，共働き世帯が多数派となっている。

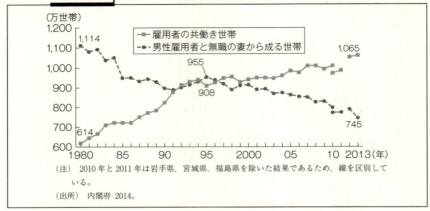

CHART 図 5-4　共働き世帯数と専業主婦世帯数の推移

(注) 2010 年と 2011 年は岩手県，宮城県，福島県を除いた結果であるため，線を区別している。
(出所) 内閣府 2014。

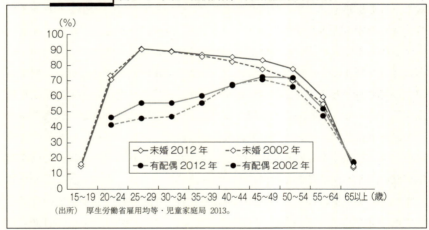

CHART 図 5-5　女性の配偶関係，年齢階級別労働力率

(出所) 厚生労働省雇用均等・児童家庭局 2013。

　最近の変化のなかで注目されるのは，結婚後も仕事を続ける女性の増加である。図 5-5 は女性の労働力率を配偶関係，年齢階級別に示した図だが，既婚女性の場合には 2002 年と比べて 2012 年の労働力率は 20 代前半で 4.3％，20 代後半で 10.0％，30 代前半で 8.9％，30 代後半で 4.5％上昇しており，特に 20 代後半から 30 代前半にかけての増加が著しい。この 10 年の間に進んだ出産年齢の上昇の影響もあると考えられるが，同時に，男性の雇用の不安定化や，かつてのように賃金上昇が期待できない状況を踏まえ，妻が仕事をやめないようになっていることの影響も大きいと考えられる。

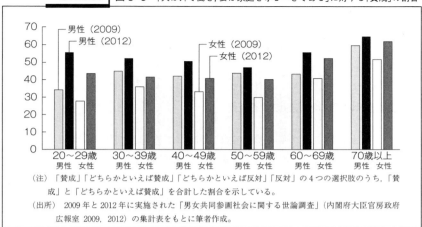

図 5-6 「夫は外で働き，妻は家庭を守るべきである」に対する「賛成」の割合

（注）「賛成」「どちらかといえば賛成」「どちらかといえば反対」「反対」の4つの選択肢のうち，「賛成」と「どちらかといえば賛成」を合計した割合を示している。
（出所）2009年と2012年に実施された「男女共同参画社会に関する世論調査」（内閣府大臣官房政府広報室 2009, 2012）の集計表をもとに筆者作成。

このように，実態としては結婚後も仕事を継続する女性が増加しているわけだが，意識はどの程度変化しているのだろうか。2, 3年おきに実施されている「男女共同参画社会に関する世論調査」によると（図5-6），「夫は外で働き，妻は家庭を守るべきである」という考え方に対する「賛成」の割合は1992年から前回の2009年まで一貫して減少してきたが，2012年に初めて増加に転じた。すべての年齢層で増加したが，なかでも20代の伸びの大きさが目を引く。

また，既婚女性を対象にした「全国家庭動向調査」によっても，若い女性の間での「専業主婦願望」の高まりが確認されている。2003年から2008年にかけて①20代から40代にかけて賛成率が上昇に転じたが，なかでも20代での上昇率が大きかった，②「自営・家族従業員」や「専業主婦」では支持率がほとんど変化していないのに対し，「常勤」と「パート」で「賛成」の割合が増えており，特に「常勤」の場合には21.7％→33.3％と10％以上も増加している（岩間 2011）。

こうした現状から浮かび上がる2つの疑問——①なぜ日本では他の先進国とは異なり，依然として女性の働き方はライフイベントやライフコースの影響を大きく受けるのか，②（実態とは裏腹に）「性別役割分業」を支持する意見が若年層で増加しているのはなぜなのか——の答えを求めて，まずは，有償労働の世界における問題を次節で検討する。

3 男女格差の温存と女性労働者の二極化

「男女雇用機会均等法」による変化

　日本では大正期（1912年–1926年）に会社員や教師，官吏といった「新中間層」で「専業主婦」が登場した後，高度経済成長期に専業主婦の「大衆化」が進み，性別役割分業が定着した（落合 2004）。当時，女性は24歳までに結婚することが期待されていたため，25歳以上の未婚女性が「売れ残りのクリスマスケーキ」（25日を過ぎるとクリスマスケーキは安く買いたたかれるため）ということばで揶揄されたりした。

　このように，女性は「適齢期」に結婚し，それと同時に仕事を辞め，家事や育児に専念するという前提で働き方が決められていた。たとえば，短期大学卒業の女性は，四年制大学卒業の女性よりも結婚退職までの期間が2年長いことが企業に好まれ，短大卒女性のほうが就職率は高かった。また，結婚退職する存在とみなされていたため，研修や昇進の機会はほとんどなく，やりがいや責任のある仕事につくこともきわめて難しかった。当然のことながら，給与や福利厚生の水準は低く抑えられ，一人暮らしをすることも難しかった。男女格差が原則としてない職業は，教員や公務員などの公的セクターにほぼ限られていた。

　こうした状況が大きく変わるきっかけとなったのは，1985年成立，1986年施行の「**男女雇用機会均等法**（正式名称は「雇用の分野における男女の均等な機会及び待遇の確保等女子労働者の福祉の増進に関する法律」）」である。もともとは，1985年の「女子差別撤廃条約」を批准するために整備された法律であり，国会などで十分な議論がなされたわけではなく，（いわゆる「外圧」ではなく）内在的に男女差別の解消がめざされたわけではなかった。しかし，結果として男性と同等の働き方を想定した「総合職」が多くの企業で新設されたことにより，基幹労働者として長期的にキャリアを展望できる仕事のチャンスが主に四年制大学卒業（四大卒）の女性に開かれた。

116 ● CHAPTER 5 就業と家族

その後，1997年に大幅な改正があり（正式名称は「雇用の分野における男女の均等な機会及び待遇の確保等に関する法律」。施行は1999年），2006年にも再改正された。1985年の制定時には，募集・採用，配置・昇進に関する男女差別の禁止は努力目標にとどまっていたが，1997年の改正により，募集・採用，配置・昇進，教育訓練，定年・退職・介護における男女差別の禁止，女性のみの募集・女性優遇の原則禁止，違反に対して企業名公表という制裁措置の創設，セクシャル・ハラスメントへの配慮などが盛り込まれた。2006年には性別による差別禁止の範囲の拡大（女性に対する差別禁止だけではなく，男女双方に対する差別の禁止，合理的な理由がないにもかかわらず，総合職の募集・採用にあたり，転居を伴う転勤を要件とするなどの，結果として一方の性が不利になる「間接差別」の禁止など），セクシャル・ハラスメント対策措置の義務化などが盛り込まれた（施行は2007年）。

「男女雇用機会均等法」によって四大卒女性のチャンスは広がった反面，それ以外の大半の女性は従来どおりの女性の働き方を踏襲した「一般職」として採用されたため，「雇用機会均等法」は女性労働者のなかに分断を生み出したという批判も当然ある（当時，女性の四年制大学への進学率は1割程度にとどまっていた）。しかし，この法律の制定により，四大卒の女性にキャリアアップを期待できる仕事の機会をもたらし，後には役職者の増加や女性の四年制大学進学率の上昇などの変化につながったことは評価されている。

役職にみられる男女格差の温存

図5-7は民間企業における係長，課長，部長相当職の割合を示したものである。「雇用機会均等法」の施行後に就職した女性の勤続年数の伸びに対応する形で，すべての役職で女性の割合は増加している。ただし，係長職では1割を超えているものの，課長や部長では1割未満にとどまっている。これは国際的にもきわめて低い水準である。

男女間の大きな賃金格差

次に，男女の賃金格差の問題に目を向けてみよう（図5-8）。「賃金構造基本統計調査」によると，男性の一般労働者（常用労働者のうち，短時間労働者以外の

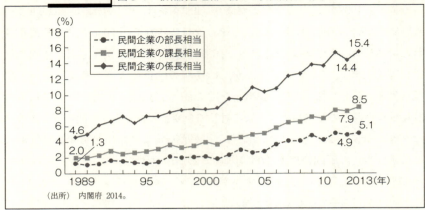

図 5-7　役職別管理職に占める女性割合の推移

（出所）　内閣府 2014。

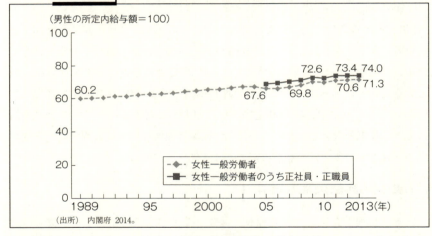

図 5-8　男女間所定内給与格差の推移

（出所）　内閣府 2014。

者）の給与を 100 とした場合，女性一般労働者の給与水準は 71.3 にとどまる。正社員・正職員に限っても 74.0 と男女差は大きい。

　こうした日本の男女の賃金格差は国際的にみても大きいことが OECD の分析によって明らかになっている（OECD 2012）。まず押さえておく必要があるのは，日本の男女の賃金格差はどの年代でも大きいが，とりわけ年齢が高い層（55-59 歳）で大きい点である。この定年退職直前の年齢層で男女格差が大きいという事実は，①年功序列制や終身雇用制によって特徴づけられる日本の労働市場の下では転職は不利になること，②結婚や出産などのライフイベントを

きっかけとして労働市場から退出した後に再就職することが多い女性の働き方と，働き続ける男性の働き方の違いが結果として大きな賃金格差につながることを如実に示している。

「子育て」という障壁

男女の賃金格差を生み出す要因として，年齢と並んで日本で大きな影響を及ぼしているのは子どもの有無である。日本では，子どものいる男女の賃金格差の大きさが際立っており，30 カ国中最大であり，子どもがいる場合の男女の賃金格差は OECD 平均の 22 に対して日本は 61 と約 3 倍である（図5-9）。国際的にみても，日本は子どもを育てながら仕事をすることの障壁が高いことが明確に示されている。

女性労働者の二極化

近年，大きな問題となっているのは女性労働者内の二極分化である。二極分化の実態を 2 つのデータから確認しよう。

最初に確認するのは，非正規雇用の増加である。図 5-10 が示すように，1985 年時点では男性の 9 割以上は正規雇用（正規の職員・従業員）だったが，2005 年には 82.3％となった。20 年をかけて，男性労働者の 1 割が非正規雇用（パート・アルバイト，派遣社員，契約社員，嘱託，その他）という形態で働くように変化したのである。それ以降も正規雇用の割合は減少し続け，2013 年には 78.8％まで減少した。

実は，女性の変化は男性以上に早かった。正規雇用の割合は 1985 年の時点で男性よりも 2 割ほど少ない約 7 割（67.9％）だったが，1990 年代後半以降，急速に減少し，その割合は 2005 年には 47.5％と半数を切った。2013 年現在，女性労働者の非正規雇用率は 6 割近くにも達している。

ヨーロッパのなかには，オランダやデンマークのように，正規雇用と非正規雇用の違いは原則として労働時間数だけであり，賃金水準や福利厚生で差を設けない国もあるが，日本の場合には賃金水準や福利厚生の差が非常に大きく，また，それを補う社会保障制度もほとんどないため，非正規雇用の増加は生活水準の低下に直結してしまう。

3　男女格差の温存と女性労働者の二極化　● 119

CHART 図5-9 子どもの有無と男女の賃金格差（25－44歳）

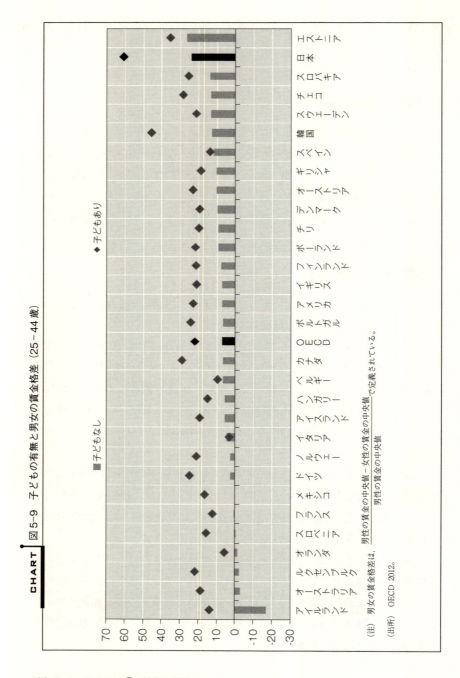

(注) 男女の賃金格差は、$\dfrac{\text{男性の賃金の中央値}-\text{女性の賃金の中央値}}{\text{男性の賃金の中央値}}$ で定義されている。

(出所) OECD 2012。

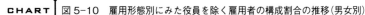
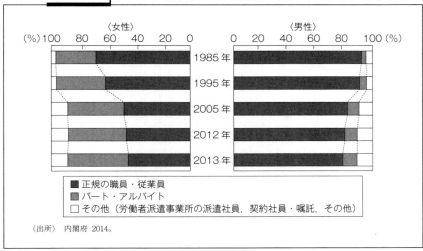

図 5-10 雇用形態別にみた役員を除く雇用者の構成割合の推移(男女別)

■ 正規の職員・従業員
▨ パート・アルバイト
□ その他（労働者派遣事業所の派遣社員，契約社員・嘱託，その他）

(出所) 内閣府 2014。

　非正規雇用化の進行は男性労働者の問題として社会的関心を集めてきたが，女性のほうがそのスピードは速い。また，未婚化も進んでいるため，女性の非正規雇用労働者は男性の非正規雇用労働者以上に，経済的に不安的な状況におかれている。このことと整合するように，「第 14 回出生動向基本調査（独身者調査）」（2010 年）によると，18 ～ 34 歳の未婚女性のなかでは結婚の利点として「経済的余裕がもてる」を選択する人が増加している（国立社会保障・人口問題研究所 2012b, 図 4-1 も参照）。未婚化のさらなる進行により，「女性の貧困」の問題が今後，より深刻化する可能性が高い（→第 3 章）。

　これまでみてきたデータで示されているように，女性の就業継続にとっての大きな社会的障壁は出産・子育てである。このような状況の改善をめざして **1991 年に育児休業法**（正式名称は「育児休業，介護休業等育児又は家族介護を行う労働者の福祉に関する法律」）が成立したが（施行は 1992 年。その後，数度の改正がなされている），それ以降も，約 6 ～ 7 割の女性が第一子の出産時に仕事を辞めていることがさまざまな調査から明らかにされている。

　表 5-1 は 50 歳未満の既婚女性を対象に実施された「第 14 回出生動向基本調査」（2010 年）のデータをもとに第一子の出産時に利用した制度の一覧を示したものである（複数回答）。女性全体での育児休業制度の利用率は 16.7％ にとどまるが，「正規雇用継続者」（ただし，ここには派遣や嘱託も含まれる）に限ると

3　男女格差の温存と女性労働者の二極化　● 121

CHART 表5-1 最初の子どもを出産したときに利用した制度や施設（1歳

妻の就業形態	（客体数）	いずれかの制度・施設を利用	産前・産後休業制度	育児休業制度（妻）	育児休業制度（夫）	育児時間制度・短時間勤務制度（妻）	育児時間制度・短時間勤務制度（夫）
女性全体	(3,089)	45.9%	21.4	16.7	0.2	4.7	0.1
総　数	(552)	94.0%	87.1	75.5	0.7	23.6	0.2
第1子の出生年							
1995〜99年	(230)	91.7%	85.2	66.1	0.9	19.1	0.0
2000〜04年	(238)	95.4	88.2	81.1	0.0	25.2	0.4
2005〜07年	(84)	96.4	89.3	85.7	2.4	31.0	0.0
妻の出生年							
1960〜69年	(184)	92.9%	85.3	75.0	1.1	23.4	0.5
1970〜74年	(241)	95.0	89.2	75.9	0.4	23.2	0.0
1975〜88年	(127)	93.7	85.8	75.6	0.8	24.4	0.0
妻の勤め先の従業員規模：第1子1歳時点（客体数552）							
1〜29人	(86)	84.9%	74.4	50.0	0.0	15.1	0.0
30〜99人	(80)	90.0	85.0	72.5	0.0	17.5	0.0
100〜299人	(74)	95.9	83.8	63.5	0.0	17.6	0.0
300〜999人	(109)	98.2	90.8	80.7	0.9	24.8	0.0
1000人以上	(91)	97.8	94.5	87.9	1.1	36.3	1.1
官公庁	(102)	98.0	96.1	94.1	2.0	29.4	0.0

（左側縦書き：正規雇用継続者）

（出所）　国立社会保障・人口問題研究所 2012a。

75.5％である。なかでも官公庁では利用率が高く，9割を超えている。これに続くのが従業員規模1000人以上の大企業であり，利用率は9割に迫る。しかし，30人未満では5割にとどまる。同様に，育児時間制度・短時間勤務制度の利用率も官公庁や大企業で高い。

　日本の労働市場は，雇用の安定性や賃金水準，福利厚生などについて企業規模による大きな格差によって特徴づけられているが，女性労働者の場合には，育児休業制度のようなワーク・ライフ・バランス政策の導入の恩恵を受けられるか否かに関わって，公的セクターや大企業の優越性という形で格差が存在している点が注目される。

以上の子どもをもつ夫婦について）

認可保育所	認証・認定保育施設	認定こども園	企業内保育所	その他の保育施設	ベビーシッター	ファミリーサポートセンター	保育所・幼稚園等の一時預かり	どれも利用しなかった	平均制度・施設利用数
20.1	4.2	1.3	1.5	5.9	1.1	2.6	12.3	50.8	0.95
53.3	10.0	2.7	3.6	9.8	2.2	4.0	9.8	5.3	2.84
48.3	8.7	1.3	3.0	11.7	2.2	2.2	9.1	7.0	2.61
55.9	11.8	5.0	2.5	9.2	2.5	5.0	10.1	4.2	2.98
59.5	8.3	0.0	8.3	6.0	1.2	6.0	10.7	3.6	3.08
51.1	9.8	4.3	1.6	11.4	3.3	3.8	8.7	6.5	2.81
51.5	10.8	1.7	2.5	10.8	2.1	3.7	10.4	4.1	2.85
59.8	8.7	2.4	8.7	5.5	0.8	4.7	10.2	5.5	2.90
48.8	8.1	1.2	1.2	8.1	2.3	0.0	7.0	11.6	2.24
51.3	7.5	3.8	2.5	16.3	2.5	2.5	7.5	10.0	2.69
50.0	12.2	0.0	5.4	5.4	2.7	4.1	18.9	4.1	2.64
43.1	11.0	5.5	7.3	9.2	0.9	3.7	12.8	1.8	2.91
65.9	8.8	3.3	2.2	12.1	2.2	4.4	5.5	2.2	3.25
60.8	9.8	2.0	2.9	8.8	2.9	6.9	7.8	2.0	3.24

4 私的領域における性別役割分業の実態

生活時間にみられるジェンダー差

　次に，私的領域（家庭）における性別役割分業の実態を生活時間のデータで確認してみよう（表5-2）。OECD が 2014 年に発表した国際統計データのうち，本書で言及している国（第3章の福祉レジーム類型や社会保障システムなど）を中心に取り上げているが，この表によると，日本女性の家事時間は1日あたり199分（約3時間強）であるのに対し，男性は24分にすぎず，女性の6分の1程度にとどまる。子育てや介護といったケアの時間も女性26分に対し，男性わずか7分である。国際的にみても日本男性の家事・育児関連時間の少なさは際立っている。

CHART 表 5-2　15-64 歳の男女別の生活時間の国際比較（分）

	有償労働（仕事など）		無償労働（家事）		無償労働（ケア）	
	男性	女性	男性	女性	男性	女性
日本（2011）	471	206	24	199	7	26
韓国（2009）	422	273	21	138	10	48
中国（2008）	390	291	46	155	13	35
ポルトガル（1999）	372	231	51	253	10	36
オランダ（2005-2006）	354	205	63	134	19	42
スペイン（2009-2010）	334	246	76	127	27	54
スウェーデン（2010）	322	269	70	95	17	25
アメリカ（2010）	308	242	82	126	19	51
イギリス（2005）	297	197	66	133	34	62
ノルウェー（2010）	284	214	59	104	19	26
ドイツ（2001-2002）	282	181	90	164	18	36
デンマーク（2001）	260	195	107	145	31	44
フィンランド（2009-2010）	249	210	91	137	24	44
イタリア（2008-2009）	249	197	51	213	17	41
フランス（2009）	233	172	98	158	16	36

（注）　1　「有償労働」には「仕事」や「通勤時間」のほか，「勉強」も含まれている。
　　　　2　ケアは世帯員のケアと世帯員以外のケアの2種類が区別されているが，ここでは両者を合計
　　　　した時間数を示している。
（出所）　OECD 2014 より作成。

　他方で，日本男性の有償労働時間数は 29 カ国中，もっとも長い 471 分（約 8時間）に達する。図 5-1 に示されていたように，男性の就業率は国際的に最高水準の約 90％であることを併せて考えると，日本の男性は有償労働に人生の大部分を捧げていると言っても過言ではないだろう。これを裏で支えてきたのが女性の無償労働である。

　就学前の子どもがいる場合でも，日本男性の家事・育児の 1 日当たりの平均時間は 1 時間（このうち育児時間は 33 分）にとどまる。他方，アメリカ，イギリス，ドイツ，スウェーデン，ノルウェーでは約 3 時間（このうち育児時間は約 1時間）であり，約 3 倍の開きがある（内閣府 2012）。

　また，フルタイムで働く労働者のうち，1 週間に 60 時間以上働く割合は 30代・40 代の男性では約 2 割に達している（内閣府 2009）。

　こうした男性の長時間労働ゆえに，働く既婚女性は家事・育児を 1 人でこな

さなければならず，既婚男性は家事や育児の時間がとれない状況に置かれている。

　なぜ，日本の男性はこれほどまでに長い時間，有償労働をするのか。その大きな理由の1つは，男性には妻や子どもを経済的に支える「稼ぎ主役割」が期待されているからである。日本では高等教育の費用が有償であるため，家計に占める教育費の負担が重く（内閣府男女共同参画局 2005），また，バブル経済崩壊後には企業福祉が縮小したことにより（→第3章参照），家族の経済的負担は高まっている。図5-5から推測できるように，結婚後も出産まで働く既婚女性は増加しているものの，男女の賃金格差や正規と非正規の間の待遇の格差が大きいため，夫の負担を軽減しようとすれば長時間あるいは正規雇用で働くことが求められる。しかし，その場合には家事・育児といったケア労働（無償労働）と，仕事（有償労働）の時間的両立といった問題がより大きく立ちはだかってくる。

家事分担の規定要因に関する仮説

　このように，日本では家庭内でも強固な性別役割分業が維持されているが，変化の兆しもみられる。ここでは家族社会学のなかで多くの研究がなされてきた，夫婦の家事分担がどのような要因によって規定されているのか，に関する主な仮説を紹介した後（表5-3），ワーク・ライフ・バランスの実現に向けてどのような政策が望ましいのかを分析結果に基づいて考えてみよう（育児分担の規定要因に関する仮説については，第6章の表6-1および大和〔2008〕を参照のこと）。

　家事分担の規定要因に関しては，シェルトンとダフニが計量分析を行った先行研究のレビューをもとに，①相対的資源説，②時間制約説，③イデオロギー／性役割説という3つの仮説を提示している（Shelton & Daphne 1996）。収入や学歴，職業などの社会経済的資源の多さが夫婦間の交渉にあたって有利となる点に着目しているのが①であり，相対的に資源を多くもつほうが家事の負担を逃れると仮定する。家事を遂行するためには一定の時間資源が必要になるという構造的要因を重視する観点から出されたのが②である。②によると，夫婦のうち時間資源の多いほうがより多くの家事を行う。これに対して，③は夫婦それぞれの性別役割分業観が家事分担に影響を及ぼすという見方をとり，

4　私的領域における性別役割分業の実態　● 125

CHART 表5-3 夫の家事参加の規定要因に関する主な仮説

仮説の名称	内　容
①相対的資源説	相対的資源を多く保有するほど家事参加をしない。
②時間制約説	時間的余裕がなくなるほど家事に参加しない。
③イデオロギー／性役割説	性別役割分業を肯定する価値観をもつほど，家事に参加しない。
④代替的マンパワー説	家族のなかで夫以外に家事を担う人がいれば（親など），夫は家事に参加しない。
⑤ニーズ説	子ども数が多かったり，末子年齢が小さいなど，家事総量の増加によって夫の家事参加が促される。
⑥情緒関係説	夫婦の情緒関係が強まるほど，夫婦が共同で行う行動の一つとして夫の家事参加が促される。

「妻が家事に責任をもつべきだと」いう価値観をもっていると夫の参加が抑制されるとする。

　これら3つの仮説に加えて，西欧諸国よりも日本では親との同居が多いという事実に着目して，Nishioka（1998）は同居する親がいると夫の家事参加が低下する④「代替的マンパワー説」を提示している。Nishioka は夫の帰宅時間と親の同居という2つの要因が及ぼす効果をまとめて「環境制約説」と呼んだが，親との同居によって夫の家事参加が抑制される効果を稲葉が後に「代替的マンパワー説」と命名し（稲葉 1998），その後の研究ではこの名称が用いられるようになっている。この④はその後，石井クンツ（2004）などによって，家族ネットワークの効果として検討されてもいる。

　このほかに，永井・石原（1994）の研究をもとに，稲葉は⑤「ニーズ説」（子ども数が多かったり，末子年齢が小さいために家事総量が増加することによって，夫の家事参加が促される）を提示している（稲葉 1998）。

　また，稲葉は夫婦で一緒に外出や買い物をするといった，情緒関係が強まるほど，家事や育児も共同で行うようになるという⑥「情緒関係説」も同時に提示している。

　これらの仮説はいずれも社会階層と関連する可能性が考えられる。①の相対的資源説はもっとも直接的に社会階層の問題を取り上げているが，③の性別役割分業観を肯定する度合いも社会階層によって異なる（たとえば Kohn & Schooler 1983; Crompton 2006）。また，②の時間資源も社会階層によって異なり，専門職の場合，労働時間は長いものの，自分の裁量で使える時間を組み立てる

柔軟性が高いのに対し，マニュアル労働（身体を使う労働）の場合にはそうした柔軟性が少ないことがイギリスの生活時間調査によって明らかにされている（Warren 2003）。④に関わっては，社会階層によってネットワークが異なること（たとえば Bott 1957; 菅野 1998），⑤に関わっては家事総量が増加しても収入が高ければ民間の育児サービスを購入して対応できる余地がある。⑥に関しても，夫婦がどのような情緒関係を築くのが望ましいと考えているのか，実際にどのような関係性を築いているのかについては階層の違いがある可能性がある。つまり，どの仮説が成立しているのかを検討するためには，学歴や職業，収入などの階層要因を同時に分析に含める必要がある。

　しかし，欧米でも日本でも社会階層の効果を同時に考慮しながらこれらの仮説を検討した計量分析はほとんどなされていない。2004 年に毎日新聞社が全国の 20 歳から 49 歳の女性を対象に実施した「第 1 回人口・家族・世代世論調査」を用いて，階層が及ぼす影響についても考慮しながら①から⑤の仮説を計量分析した結果によると（岩間 2008），①相対的資源説および⑤ニーズ説は成立せず，②時間制約説，③イデオロギー／性役割説，④代替的マンパワー説が実証的に支持された。つまり，日本では妻の学歴や収入が夫と比べて相対的に高い夫婦でも，夫婦間の交渉によって夫の家事参加が増える余地はなく，同様に，出産や子育てによって家事の総量が増えても夫の家事参加は促されない。これは，夫の長い労働時間によるものと考えられる。こうした構造的要因に加えて，妻が性別役割分業を肯定する価値観をもつことによって，夫の家事参加が抑制されている。親との同居によって夫の家事参加が抑制されているという結果は，②を前提としたうえでの現実的な対応とも言える。

　なお，国際比較データの分析によると，性別役割分業が支持されている国では，妻の家事分担不公平感は低く抑えられていることから（不破・筒井 2010），性別役割分業を肯定する価値観があることによって，性別役割分業の問題性に気づかず，制度が温存されていくメカニズムの存在も示唆されている。

　以上の分析結果をもとに，ワーク・ライフ・バランスの実現に向けた具体的な対応策としては，第 1 に日本全体で働き方を見直し，労働生産性を上げ，男性の長時間労働を解消すること，第 2 に性別役割分業を当然のものとみなさず，性別にとらわれずに各自が仕事や役割を考えるようになることが不可欠であ

Column ④ 感情労働

　本章では労働を「有償労働」と「無償労働」という2つの側面から検討しているが，このほかに，女性が期待されてきた労働として見逃せないのは「**感情労働**（emotional labor）」である。

　アメリカの社会学者ホックシールドは，客室乗務員が顧客の満足を引き出すにあたって，さまざまな感情の統制を要求される実態を社会調査によって明らかにし，「感情労働」という概念を提示した（ホックシールド 2000〔1983〕）。他方，同じ行為が家庭などの私的領域で「無償労働」としてなされる場合には，「感情管理（emotional management）」または「感情の仕事（emotional work）」という別のことばを用いている。つまり，「感情労働」という概念は，感情が公的な領域における「交換価値」をもつ「有償労働」であることを踏まえて定義されている。

　日本でホックシールドの議論が参照される場合，領域の違いや有償か無償かという違いによって異なる概念定義が注意深くなされていることにはあまり注意が払われない。しかし，ホックシールドはマルクス主義フェミニズムが従来の「労働」概念を批判しつつ，「再生産労働」の存在を明らかにした議論を下敷きにして，それぞれの概念を定義しているのである。

　近現代社会では，「感情労働」および「感情管理」は基本的に女性の仕事とみなされてきた。サービス経済化が進むにつれて，肉体労働から知識労働や感情労働に従事する労働者の数が増え，女性の就業機会も拡大したが，どの国においても男性には知識労働が，女性には感情労働が割り振られる傾向がみられる。

るといえる。

独身者やひとり親世帯の困難

　続いて，未婚化のさらなる進展や離婚率の上昇によって増加している独身者やひとり親世帯が，どのような問題を抱えているかを考えてみよう。女性独身者や母子世帯の母親の場合には，男性と比べて低い女性の賃金や，その結果としての低い年金額，また，勤務先から得られる福利厚生の水準が一般的に低い（日本の企業では基本的に，男性を想定した「世帯主」に対して手厚い福利厚生が与えられているため）など，経済的問題が大きい。また，母子世帯や父子世帯と

たとえば，客室乗務員や看護師，介護士などの感情のやりとりが重視される労働には女性がより多く従事している。もちろん，客室乗務員として働く男性もいるが，ホックシールドの観察によると，男性には「不満」や「怒り」といった否定的とみなされる感情の表明も許されているが，女性には原則として認められていない。肯定的な感情の表出だけが認められ，否定的な感情の表出が認められない状況は，看護師，介護士，カウンセラーなどの女性が多い専門職でバーンアウト（燃え尽き症候群）が多くみられることにもつながっていると考えられる。

　同様に，家庭内では配偶者や子どもに対するきめ細やかな配慮，共感，慰め，愛情表現といったさまざまな肯定的な感情の管理は男性以上に女性に求められている。つまり，女性には家事や育児，介護といった肉体労働に加えて，適切な「感情管理」ができることも，望ましい「女性らしさ」「妻役割」「母親役割」「嫁役割」とみなされている。

　他方で，ホックシールドは，男性に多い借金の取り立てをする集金人には，不快な顔や命令を下す鋭い声によって，「不信」や「攻撃性」を意識的に表出するという形での感情労働が求められていること——これは，笑顔や優しい声によって，「信頼」や「思いやり」を表現することが求められる客室乗務員の感情労働とは対極である——を明らかにしている。

　このように，ジェンダーによる不平等は「感情労働」や「感情管理」においても存在している。

いったひとり親世帯の場合には，1人で有償労働と無償労働の両方をこなさなければならないという問題も抱えている（→第3章参照）。

　結婚していない男性については，親の介護のために仕事を辞めざるをえず，1人で介護を担うことによる社会的孤立や経済的困難の問題が最近，社会的関心を集めている。こうした厳しい状況が時には親への虐待につながってしまう問題も起きている。『平成25年版 高齢社会白書』（内閣府 2013）によると，介護者のうち，男性が占める割合は30.6％であり，すでに介護者の3人に1人が男性である。性別役割分業を前提とした労働慣行が根強く残っており，また，比較的安価な値段で利用できる保育サービスや介護施設が不足している日本で

は，子育てや介護といったケア役割を中心的に担う立場になると，仕事を辞める，あるいは，短時間勤務や定時退社が比較的しやすいパートで働く，といった2つの選択肢しか実質的に残されていない。そうすると，収入の大幅減が避けられない。男性の場合にはまわりに同じような境遇の友人や知人を探すのが難しく，また，一般に「弱音を吐かない」ように社会化されているため，女性介護者以上に孤立しやすいという問題もある。

このように，性別役割分業を前提とした労働慣行や労働市場のしくみは，結婚している男性には家族との時間を犠牲にすることを求めている一方で，結婚している女性には家事や育児の重い負担を強いるものになっている。同様に，独身の女性や母子世帯の女性や子どもには貧困の問題，ひとり親世帯の親の場合には1人で有償労働と無償労働の両方を担わなければならないという問題，独身男性には特に介護の問題が大きい。つまり，共働き世帯の増加や結婚しない人の増加，離婚率などの上昇によって家族のあり方が多様化するなかで，日本の性別役割分業型の社会システムは，人々の生活を支える制度としての有効性を低下させている。

⑤ 新たな家族モデル・社会保障の構築に向けて

本章では，「日本の働き方の特徴は性別によってどのように異なるのか？また，どのような変化が生じているのか？」「若い女性の間でキャリア志向と専業主婦志向のどちらが支持されているのか？また，それはなぜなのか？」という2つの問いに対して，有償労働と無償労働を区別しつつ，日本的な働き方の特徴に焦点をあてて検討してきた。それに対する簡潔な答えは，「女性には家事や育児などのケア役割の遂行の負担が重い一方，賃金や昇進，教育の機会などの男女格差が大きいため，仕事を続けることの時間的・経済的コストが高い状態が続いてきた。それが出産・育児をきっかけとして仕事を辞める女性の多さにつながっている。また，女性労働者内の二極化が進むなかで，育児休業制度などを利用して家庭と仕事のバランスをとることができる女性は一部に限られているため，結果として専業主婦願望をもつ女性が増えている」となる。

男性にとっても1人で「稼ぎ主役割」を担うことの負担は増している。第一子をもちたいという出生意欲は世帯年収が低い既婚男性で低く，また，フルタイムで働いている既婚女性では第二子出生意欲が低い（岩間 2008）。この分析結果は，男性にとっては稼ぎ主役割，女性にとってはケア役割が重くのしかかっている現状の一端を示している。

また，性別役割分業を前提とした労働市場の現状は，独身者やひとり親世帯にとっても負担の重いものとなっている。

少子高齢化に起因する労働力不足，うつ病などのメンタルヘルスの問題による休職者の増加，介護のために休職・離職する人の増加などを背景として，日本でも「ワーク・ライフ・バランス」の実現に向けての取り組みが始まっている。たとえば，2007年12月には「ワーク・ライフ・バランス推進官民トップ会議」が「仕事と生活の調和憲章」と「仕事と生活の調和推進のための行動指針」を策定し，2008年4月からは大企業10社による推進プロジェクトを推進するなど，政府と大企業が連携してワーク・ライフ・バランスの推進が試みられている（政府では内閣府の男女共同参画局や厚生労働省などが中心となっている）。内閣府も策定にかかわった「仕事と生活の調和憲章」では，めざすべき社会像として，「国民一人ひとりがやりがいや充実感を感じながら働き，仕事上の責任を果たすとともに，家庭や地域生活などにおいても，子育て期，中高年期といった人生の各段階に応じて多様な生き方が選択・実現できる社会」が掲げられている。

こうした取り組み自体は，労働者のニーズに応えようとする試みではある。しかし，現状の進め方では，大企業で働く労働者や公務員といった一部の労働者の労働条件の改善につながったとしても，それ以外の圧倒的多数を占める，中小企業で働く労働者や非正規雇用の労働者などの待遇改善にはつながらない可能性が高いだろう。なぜならば，第3章で説明したように，日本の場合には社会保障サービスの提供において企業が果たす役割が大きいため，誰もが利用できる普遍的なサービスになっていないという問題があるからである。したがって，育児休業制度の利用が大企業で働く労働者や公務員に偏っている現状を強化しかねない。

勤め先や雇用形態に関わりなく，誰にとっても利用可能な制度の設計や運用

をめざすことが不可欠であり，また，採用や転職時における年齢障壁の解消も必要となる。

　イギリスの社会学者ギデンズは，労働は人間が生きていくうえで必要となる，①経済資源，②技能や資格を行使できる機会，③家庭以外の多様な環境に触れる機会，④安定した生活リズム，⑤家族以外のメンバーとのコミュニケーション，⑥アイデンティティという6つの重要な資源や機会などを提供すると整理している（ギデンズ 2009〔2006〕）。雇用が不安定化し，仕事が細分化されるなか，人間が尊厳をもって生きていくうえで必要なこうした資源や機会を提供しない職業が増えている現実もある。しかし，労働に秘められているこうした可能性がジェンダーや家族形態によって閉ざされないようにすることが個人にとっても，また，社会にとっても重要である。また，無償労働だけに長期間従事することは，①や③，⑤を得られない問題もはらんでいる。

　この章で見てきたように，働き方と「家族」のありようは密接に関係しあっている。また，「家族」のありようは時代とともに変化しており，「性別役割分業」型家族はけっして普遍的な家族モデルではない（→第2章）。家族の多様化とそれにともなうニーズの変化に対応するためには，他の先進国が1970〜80年代にかけて進めてきたように，女性の就業を組み込んだ社会システムへの転換が不可欠となる。そのために，日本の労働市場や労働慣行にみられる男女格差や女性内格差の是正，有償労働と無償労働の家庭内での分担のあり方などを見直していくことが求められている。

EXERCISE ●課題

1　既婚女性，既婚男性，独身女性，独身男性，ひとり親世帯の母親，ひとり親世帯の父親という6つのグループのなかから3つ以上のグループを選び，それぞれのグループに該当する人を対象に，①家庭内でどのような役割を果たしているのか（果たしてきたのか），それに対して負担感や幸福感など，どのように感じているのか（感じてきたのか）を中心にインタビューを行い，②立場によって家族経験がどのように異なるのか（異なっていたのか）を比較しよう。

2　①EU 全体および EU 加盟国で進められているワーク・ライフ・バランス政策について調べよう（EU 加盟国については1〜数カ国を選ぶこと）。②表5-2 も

132 ● CHAPTER 5　就業と家族

必要に応じて用いながら，取り上げた EU 加盟国と日本のデータを収集・整理し，
③実態（②）と政策（①）の対応関係を考察しよう。関連する文献や資料の検索
にあたっては，たとえば，「EU」「両立」「政策」などのキーワードを入力すると
よいだろう。

[3] 2005 年の日本映画『ALWAYS 三丁目の夕日』は 1958 年の東京の下町を舞
台とした映画である。①この映画を鑑賞し，どのような家族像が描かれているの
か，男女の役割の違いに着目して整理してみよう。② 1958 年頃の日本の社会状
況を調べ，①と照らし合わせて考察しよう。③ 2005 年頃の社会状況や家族の状
況についても同様に調べ，この間の日本社会と家族の変化がどのように対応して
いるのかなどを考えてみるとさらに理解が深まるだろう。

引用文献　　　　　　　　　　　　　　　　　　　　　　　　　Reference ●

Bott, E., 1957, *Family and Social Network: Roles, Norms, and External Relationships in Ordinary Urban Families*, Tavistock Publication

Crompton, R., 2006, *Employment and the Family: The Reconfiguration of Work and Family Life in Contemporary Societies*, Cambridge University Press

不破麻紀子・筒井淳也，2010「家事分担に対する不公平感の国際比較分析」
『家族社会学研究』22（1）

ギデンズ，A., 2009『社会学〔第 5 版〕』（松尾精文ほか訳）而立書房（原著
2006）

ホックシールド, A. R., 2000『管理される心――感情が商品になるとき』（石川
准・室伏亜希訳）世界思想社（原著 1983）

稲葉昭英，1998「どんな男性が家事・育児をするのか？――社会階層と男性の
家事・育児参加」渡辺秀樹・志田基与師編『1995 年 SSM 調査シリーズ
15 階層と結婚・家族』1995 年 SSM 調査研究会

石井クンツ昌子，2004「共働き家庭における男性の家事参加」渡辺秀樹・稲葉
昭英・嶋﨑尚子編『現代家族の構造と変容――全国家族調査（NFRJ98）に
よる計量分析』東京大学出版会

岩間暁子，2008『女性の就業と家族のゆくえ――格差社会のなかの変容』東京
大学出版会

岩間暁子，2011「女性労働者の非正規雇用化と格差拡大」『女性労働研究』55

Kohn, M. L. & C. Schooler, 1983, *Work and Personality: An Inquiry into the*

5　新たな家族モデル・社会保障の構築に向けて　● 133

Impact of Social Stratification, Ablex Publishing Corporation

国立社会保障・人口問題研究所，2012a『第 14 回出生動向基本調査（結婚と出産に関する全国調査）第 I 報告書（わが国の結婚過程と出生力）』

国立社会保障・人口問題研究所，2012b『第 14 回出生動向基本調査（結婚と出産に関する全国調査）第 II 報告書（わが国独身層の結婚観と家族観）』

厚生労働省，2012『平成 24 年版 厚生労働白書――社会保障を考える』

厚生労働省雇用均等・児童家庭局，2013『平成 24 年版 働く女性の実情』

永井暁子・石原邦雄，1994「大都市における有配偶女性の家事意識と家事遂行――現代女性の生活ストレスとネットワーク調査から」『総合都市研究』53

内閣府，2009『平成 21 年版 男女共同参画白書』

内閣府，2012『平成 24 年版 男女共同参画白書』

内閣府，2013『平成 25 年版 高齢社会白書』

内閣府，2014『平成 26 年版 男女共同参画白書』

内閣府大臣官房政府広報室，2009「男女共同参画社会に関する世論調査」（平成 21 年 10 月調査）内閣府大臣官房政府広報室（http://www8.cao.go.jp/survey/h21/h21-danjo/）

内閣府大臣官房政府広報室，2012「男女共同参画社会に関する世論調査」（平成 24 年 10 月調査）内閣府大臣官房政府広報室（http://www8.cao.go.jp/survey/h24/h24-danjo/）

内閣府男女共同参画局，2005『少子化と男女共同参画に関する社会環境の国際比較報告書』

Nishioka, H., 1998, "Men's Domestic Role and Gender System: Determinants of Husband's Household Labor in Japan,"『人口問題研究』54（3）

落合恵美子，2004『21 世紀家族へ――家族の戦後体制の見かた・超えかた〔第 3 版〕』有斐閣

OECD, 2012, *Closing the Gender Gap*, OECD（http://www.oecd-ilibrary.org/social-issues-migration-health/close-the-gender-gap-now_9789264179370-en）

OECD, 2014, *Balancing Paid Work, Unpaid Work and Leisure*, OECD（http://www.oecd.org/gender/data/balancingpaidworkunpaidworkandleisure.htm）

Shelton, B. A. & J. Daphne, 1996, "The Division Household Labor," *Annual Review of Sociology*, 22

菅野剛，1998「社会的ネットワークの趨勢――75 年と 95 年における社会階層の効果の変遷」白倉幸男編『1995 年 SSM 調査シリーズ 17 社会階層とライフスタイル』1995 年 SSM 調査研究会

Warren, T., 2003, "Class and Gender-Based Working Time? Time Poverty and the Division of Domestic Labour," *Sociology*, 37（4）

大和礼子，2008「『世話する／しつける／遊ぶ』父と『母親だけでない自分』を求める母」大和礼子・斧出節子・木脇奈智子編『男の育児・女の育児——家族社会学からのアプローチ』昭和堂

CHAPTER

第**6**章

妊娠・出産・子育て

137

KEYWORD

生殖　科学技術　避妊　人工妊娠中絶　不妊　生殖補助技術　少子化　人口転換　子育て　親子関係　養子　里子

QUESTION

1　日本はなぜ少子化しているか？　他の先進国と何が違うのか？
2　日本で子育てするとき，どのような問題があるか？

1　はじめに

▶▶ 性・生殖と家族

　性と**生殖**は，家族的な関係をつくるための重要な契機である。「家族をもちたい」という人々の思いは，性関係をいとなむ配偶者をもつことや，子どもを産み育てることとして実現されるからである。

　性関係によって人と人は密接な身体的関係をもち，生殖によって新生児は養育者との密接な身体的関係を必要とすることになる。そのとき，人，もしくは新生児は非常に無防備な状態で存在するので，なにがしかの信頼や契約といったものが前提とされなければ，生命の危険が生じうる。本章では，性と生殖がそのような危険性をはらむことを念頭においたうえで，特に生殖にかかわって，ある程度継続性を有する関係を家族的関係の1つとして考察する。

　性と生殖の関係を図で示すと，図6-1となる。左端の「性」から右端の「生殖」への太い矢印（A）は，性関係がそのまま生殖という結果をもたらすルートである。

　第4章で学んだロマンティック・ラブ・イデオロギーは，これ（A）が婚姻関係のなかで生じることを理想とする（点線の枠内）。このようにしてみると，近代的な思想であるはずのロマンティック・ラブ・イデオロギーが，実は性と生殖については前近代と同様であることがわかる。前近代との違いは，性と生

138 ● CHAPTER 6　妊娠・出産・子育て

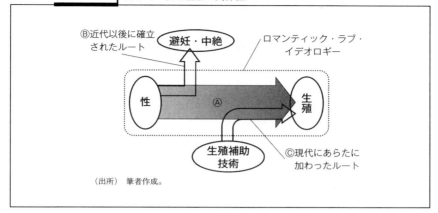

図6-1 性と生殖の関係性

（出所）　筆者作成。

殖をつないでいる関係性（A）に，ロマンティック・ラブという個々人の情緒を加味し，それを婚姻関係という枠のなかに囲い込んだことにある。

　ところが，近代以降の社会変動の過程で，**科学技術の発達が性と生殖との関係性を変化させた**。変化は2方向である。第1の方向は，左の「性」から上方向へ曲がる動き（B）である。これは，**避妊や人工妊娠中絶，不妊手術**などの技術が発達したことによって，性関係が生殖をもたらさなくなったことを示している。第2の方向は下から右の「生殖」へと曲がる動き（C）で，**生殖補助技術**の発達によって，性関係によらなくても子どもをつくれるようになったことを示す。子ども数を制限する試み，また不妊を克服して子どもを得ようとする試みは，前近代から行われてきたが，それらが科学技術の発達によって急速に実現したのが近代から現代，とりわけ第二次世界大戦後のことであった。現代家族は，このBとCという2方向の動きに大きな影響を受けており，戦後まもなく普及したロマンティック・ラブ・イデオロギーや近代家族論では想定しえなかった事態が生じている。

　本章では，第2節で「性」から上方向にいたるBの関係性，つまり性関係が行われても子どもをもたないことが及ぼした家族の変化について考察する。第3節では性から生殖にいたるAの関係性，つまり子どもを産み育てる場合について，第4節では下から右の「生殖」にいたるCの関係性と家族との新しいかかわりから，現代家族の諸課題を考察する。

2 少子化と戦後日本の家族

少子化の原因は何か？

　現代日本は，少子化に悩んでいる。

　少子化とは，出生率が人口の置換水準（ある社会の人口を，増減なく一定に保つことのできる水準）を下回ることである。人口の増減は，出生・死亡と人口移動によって決まり，少子化は人口減少をもたらす。出生率として，女性1人が産む平均子ども数の推計（合計特殊出生率：Total Fertility Rate。以下本文では「TFR」とする）が，よく用いられている。

　では，日本の少子化の原因は何だろうか。まず，「働く女性増加説」を考えてみよう。〈昔の女性は家にいてたくさんの子どもを産み育てたが，女性が社会に出て働くのを好むようになり，子どもを産まなくなった〉という仮説である。次に，女性の「高学歴化説」がある。〈昔は，女性は早くに結婚して子どもを産み育てたが，それよりも勉学を好んで高学歴化し，子どもを産まなくなった〉という仮説である。

　これら2つの説は，一見，女性個々人の意思を原因としているように受けとめられるかもしれない。しかし，家庭外での雇用労働の増加や高学歴化は，近現代になって，日本の女性に限らず世界的に生じた変化である。そこで，日本のデータ（図6-2），および他国のデータとの比較（図6-3(1)，図6-3(2)）を示した。

　まず図6-2で，日本のTFRの動きを確認しよう。TFRは，①すでに戦前から低下し，②第二次世界大戦後に急低下し，③1960年代に安定し，④1970年代半ばから漸減している。

　次に「働く女性説」として女性の労働力率の変化であるが，そもそも女性は，第二次世界大戦前，第一次産業が中心だった時代からずっと就労してきたことが確認できる。無職者，いわゆる専業主婦が普及したのは，1960年代である（→第5章）。以上から，労働力率は戦前から50%前後で変動しており，戦後に

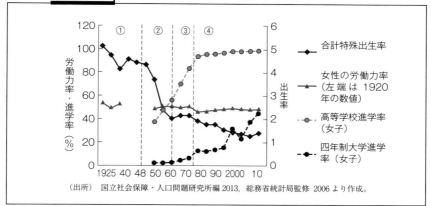

(出所) 国立社会保障・人口問題研究所編 2013，総務省統計局監修 2006 より作成。

出生率が急減したあとで，若干低下したことになる。そしてその後，労働力率は出生率の動きにかかわらず横ばいである。したがって，出生率との明らかな関連はみられない。

では，「高学歴化説」はどうだろうか。高等学校進学率は，出生率の低下のあとで急上昇したのだから，その原因ではない。また，四年制大学への進学率は，1970年代から80年代にかけては10％代で伸び悩み，90年代以降に出生率の動向とかかわりなく上昇し続けている。したがって，女性の高学歴化も，出生率との間に一貫した関係がみられない。

では，他国でも同様に関連がみられないのだろうか。図6-3(1)をみよう。先進国のなかでは，人口置換水準となる2程度を示す国々（右側の〇内，Aグループ。ノルウェー・スウェーデン・フランス・アメリカ・イギリス）は，比較的労働力率も高い。少子化に悩む日本は，その左側の〇で囲まれたBグループ（ドイツ・タイ・ロシア・スペイン）とともに，労働力率が相対的に低い。この両グループ間を比較すると，労働力率の高い国がTFRも高いといえる。他方，開発途上国を見てみると，たとえばパキスタンはTFRが高いが労働力率は低く，さらにTFRの高いエチオピアは逆に先進国を超える労働力率を示している。これらから，少なくとも先進諸国間においては，労働力率が高い国はTFRも高いと言えるが，すべての国のTFRを女性の就労だけで説明することは，難しい。

また，図6-3(2)では，図6-3(1)と同様に先進国では比較的TFRが高い国々

2　少子化と戦後日本の家族　● 141

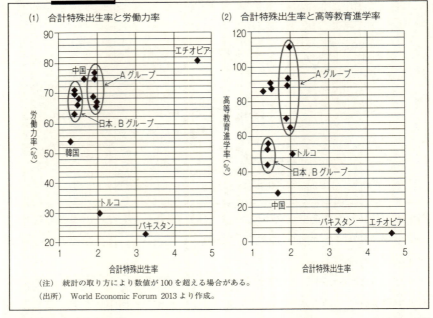

図6-3 合計特殊出生率に関する国際比較

(1) 合計特殊出生率と労働力率
(2) 合計特殊出生率と高等教育進学率

（注）統計の取り方により数値が100を超える場合がある。
（出所）World Economic Forum 2013 より作成。

は高等教育進学率も高い（右側の○内，Aグループ。図(1)と同じ国々）。少子化に悩む日本は，ドイツ・タイと類似した位置にいる（左側の○内，Bグループ）。他方，エチオピアとパキスタンではTFRが先進諸国よりさらに高いが，高等教育進学率は非常に低い。中国は図6-3(1)では高い労働力率を示していたが，高等教育進学率は非常に低く，かつTFRが2以下に抑制されている（1人っ子政策の結果である）。これらから，少なくとも先進諸国間では，労働力率の場合と同様に高学歴の国はTFRが高い。また開発途上国では，非常に学歴の低い国はTFRがかなり高いといえる。しかし，すべての国について教育水準のみによる一貫した説明はやはり困難である。

以上から，働く女性説も高学歴化説も，単純には少子化を説明できないことがわかる。女性たちが子どもを何人産むかという問題は，もっと複雑な現象なのである。では，日本社会の少子化をひきおこしている原因は，何が考えられるだろうか。

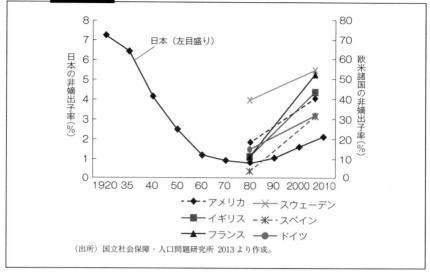

図6-4 出生に占める非嫡出子率の推移

(出所) 国立社会保障・人口問題研究所 2013 より作成。

ロマンティック・ラブ・イデオロギーと子どもを産むこと

　そこで第3に，ロマンティック・ラブ・イデオロギー説を考えてみたい。なぜなら，生殖は性関係のあり方から大きな影響を受けるからである。特に，第二次世界大戦後から現代にいたるまで，私たちの性関係に支配的といってもよい影響を与えてきたのが，このイデオロギーである。

　ロマンティック・ラブ・イデオロギーの近代的特徴は，本章のはじめに述べたように2つ，愛と結婚である。性関係をもつ理由として愛を重視すること，また愛に基づいた結婚を求めることは，第4章でみたように現代にも強く支持されている。とすれば，性関係の帰結，つまり生殖もロマンティック・ラブ・イデオロギーに支配されているだろうか。図6-4でみるように，日本でも近年，徐々に非嫡出子（婚外子）の割合は増加しているが，欧米諸国と比較すればその比率は非常に低い（欧米諸国の数値は右Y軸を参照）。日本では法的婚姻関係の外で生まれる子どもの割合は2.2％（2011年）で戦前の比率よりもまだ低いことから，戦後から現代まで，生殖は法的婚姻のなかで行われるべきという規範に強く支配されているといえる。

　それに比べて，欧米諸国の家族の変化は大きい。もともと「サンボ」という

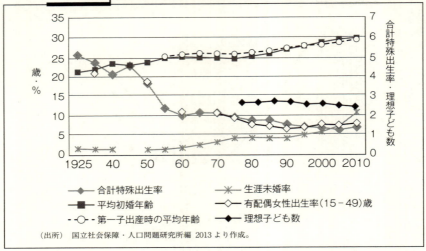

図6-5 未婚化・晩婚化・晩産化・少産化・理想子ども数

凡例：合計特殊出生率／生涯未婚率／平均初婚年齢／有配偶女性出生率(15-49)歳／第一子出産時の平均年齢／理想子ども数

（出所）国立社会保障・人口問題研究所編 2013 より作成。

同棲の慣習があったスウェーデンのみならず，1980年代に非嫡出子の割合が10％前後であった他国でも，この約30年間に急増してその割合は3割から5割以上になった。フランスやスペインなどはカトリック教徒が多いため，婚姻関係外で子どもを産むことが比較的厳しかったのだが，そのような国でも，近年大きく変化している。つまり，これらの国々では，性・生殖と家族形成が，国家による法的な婚姻の承認の枠外に出はじめているといえる（移民の影響も大きい。→第8章）。

さて，以上から，現代の日本社会では，女性たちはロマンティック・ラブ・イデオロギーのルート（すなわち法的婚姻）に乗らなければほとんど子どもを産まない，ということがわかった。とすれば，少子化は，たとえ性関係をもっても結婚の枠（図6-1の点線枠内）に入る女性が減少しているからだと推測できる。性は，未婚化が進むなかで結婚の枠外で行われるようになり，しかも，生殖だけがロマンティック・ラブ・イデオロギー（および国家による正統性の付与）の枠内にとどまっていることが，少子化の原因の1つである。

ただし，もう1つ検討しておかねばならないのは，もし女性たちが一旦結婚したら，多くの子どもを産むかどうかである。図6-5を見よう。初婚年齢（■）は第一子出産年齢（○）とほぼ一致し，緩やかに上昇し続けている。つまり，晩婚化と晩産化が一体となって進行している。また，TFR（◆）の推移は

有配偶女性の出生率の推移（◇）とほぼ一致し，1950年代に急落したあと，緩やかに減少し続けている。

　これらから，生殖が婚姻関係の強い縛りのなかで行われていることがあらためて確認できる。日本の少子化は，人々の結婚のしかたと強く結びついている。だから，1970年代中盤から2000年代はじめまでは，主に未婚化の影響を受けて少子化した。そして，近年はそこに晩婚化の影響で出産可能な期間が短くなり，少子化しているのである（岩澤 2008）。2011年には，第一子出産の平均年齢が初めて30歳を超えた（国立社会保障・人口問題研究所編 2013）。

　しかし，それだけでは説明できない現象が図6-5には示されている。1950〜60年代に，未婚化や晩婚化が急激に進んだわけではないのに，女性1人あたりが産む子ども数（TFR）はすでに大きく減少したことである（図6-2②の時期）。なぜこの時代に，これほど急激に少産化したのだろうか。

　また，図6-5をみると，子ども数は2，3人が望ましいとされていて，この調査が開始された1977年から30年間以上大きくは変化していない。しかしなぜ，個々の夫婦の私的な愛の結晶の数に，これほどまでに社会的に広く共有された「望ましい」数値目標があるのだろうか。

　これら2つの疑問は，1つの説明によって解くことができる。戦後まもなく，政府は出生数を減少させるために，人工妊娠中絶や避妊（図6-1（B）のルート）を合法化し，子ども数は2，3人が望ましいとする人口政策をとった。これが，1950年代から60年代に既婚女性たちの少産化を引き起こしたのち，望ましい子ども数として現代までも受け継がれているのである。

　当時の人口政策の考え方によると，子どもを産めるだけ産めば，人口扶養力（経済力）は消費されてしまい，ゆとりある生活は望めない。逆に，子ども数が少なすぎると労働力不足になる。よって，多産多死から少産少死になった近代の西欧社会の人口学的変化をモデルにして，TFRを人口置換水準まで下げ，社会が豊かになった後は同じ人口規模で安定しよう（このプロセスを「人口転換」という），というシナリオだったのである。

　つまりは，戦後の家族をめぐる社会状況の変化は，第2章でみた憲法・民法・戸籍法などの法律の変化や，産業構造の変化だけでなく，ロマンティック・ラブ・イデオロギーの普及や，性と生殖の関係性を変えてしまうような科

学技術の発達，およびそれらを合法的に利用できるようにする制度的変化をともなっていた。その背後には，国の人口政策があり，これらが戦後から現代まで，家族のあり方に大きく影響している。

少子化は続くのか？

1973年，日本のTFRは2.14であった。このとき，29歳までに女性の8割以上が既婚者となっており，生涯未婚率は4.3％という皆婚社会であった。また，生まれた子どもの99.2％が嫡出子であり，既婚女性の避妊経験率（生殖の統制率）は81.3％であった（国立社会保障・人口問題研究所編 2013；総務省統計局 1970；毎日新聞社人口問題調査会編 1992）。つまり，生殖は法的婚姻のなかで生じるように見事に統制されており，しかも人口置換水準を実現していたのである。これをめぐる社会状況においては，経済成長率は5.1％（実質GDP対前年度増減率。1956～73年平均9.1％）で，1973年までの近代家族の形成期は，同時に日本の戦後経済政策の勝利の時代であった。このままですべてが安定すれば，日本も西欧の先進国（図6-3(1)(2)の先進諸国グループ）のようになる，否，さらに発展を遂げて世界をリードできるはずだった。

しかし，その後，性関係や生殖の統制，そしてそれらを取り巻く社会状況は大きく変化した。1970年代半ばから，TFRは下がり続けて人口置換水準をはるかに割り，未婚化が加速し，晩婚化も進み，日本はシナリオどおりの社会を維持できなかった。

他の先進諸国では，どうだったのか。実は他の多くの先進国でも，図6-6に示したように日本と同様，あるいはそれ以上に1970年代にTFRが大きく低下した。西欧近代を支えてきた諸価値が変容し，オイルショックが世界経済秩序を変化させ，女性の脱専業主婦化，女性の権利運動，人工妊娠中絶の合法化などが一気に進行したためである。しかしその後，TFRを回復させた国々がある（図6-6の上側の○）。他方，変わらず減少し続けた国々もあり（下側の○），日本は後者に属する。日本の少子化対策は1990年代からようやく取り組まれ，対象を拡大し，内容を工夫しながら進められてきたが，まだその効果は明らかではない。

出生率を人口置換水準まで回復した国々や，近年になって出生率が回復する

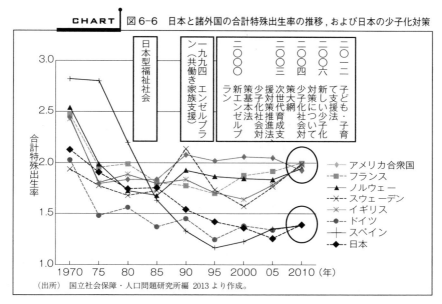

図6-6 日本と諸外国の合計特殊出生率の推移，および日本の少子化対策

（出所）　国立社会保障・人口問題研究所編 2013 より作成。

傾向にある国々は，何が日本と違っているのだろうか。次節では，性によって生殖がもたらされた場合（図6-1の矢印Ⓐ）について，諸外国の少子化対策を含む子育ての現状と比較しながら，日本の課題を考察しよう。

現代日本で子どもをもつということ

▶なぜ子どもをもつのか

　少子化した現代日本で，子どもをもつとはどのような経験だろうか。第4章図4-1でみたように，独身者にとって結婚することの最大のメリットは，「子どもや家族をもてること」だと考えられている。未婚化・晩婚化する現代において，結婚は，子どもをもちたいという人々の希望によって促進されるのである。

　また，既婚者にとって子どもをもつ最大の動機は，「子どもがいると生活が楽しく豊かになるから」である。また，「結婚して子どもをもつことは自然」という意識も強くなっているが，他方，老後や将来の社会の支えとしてという社会保障的な意識は薄れてきている（図6-7）。

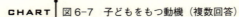
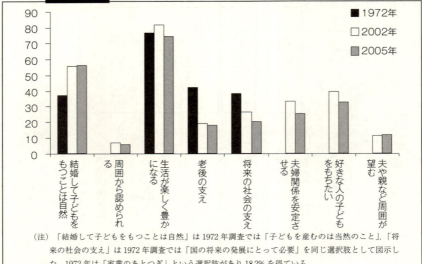

図6-7 子どもをもつ動機（複数回答）

（注）「結婚して子どもをもつことは自然」は1972年調査では「子どもを産むのは当然のこと」，「将来の社会の支え」は1972年調査では「国の将来の発展にとって必要」を同じ選択肢として図示した。1972年は「家業のあとつぎ」という選択肢があり18.2%を得ている。
（出所）国立社会保障・人口問題研究所 2004, 2005 より作成。

　子どもをもつことが，人々にとって生活の楽しさ・豊かさをもたらすと肯定的に認識されている点は重要である。現代の私たちにとって，長い独身生活における性経験から身についたものとして，子どもをもつことは選択的な行為となっている。現代では，子どもを産み育てるには，その選択を後押しする，何か肯定的な意味が必要になっている。

　もっとも，子どもをもつことが生活を楽しく豊かにするのなら，ひとり親で子どもをもってもよいはずであるが，第3章でみたように，日本ではそれは貧困をもたらす選択肢になってしまっている現実がある。

　それに比べて，多くの先進諸国では非嫡出子が今世紀に入って増加しており（図6-4），実はこれが低出生率を解消する1つの要因となっている。さらにヨーロッパでは，離婚の増加や晩婚化にともなって出生率が上昇するという，近代の人口転換には見られなかった社会現象も起こっている（ビラーリ 2008）。性と婚姻と生殖との関係性に，近代のロマンティック・ラブ・イデオロギーの枠を明らかに超えた変化が起き始めている。これらの国々では，性と生殖による家族形成は今，新たな時代に入っているようである。

　このような国際的潮流のなかで，非嫡出子を差別しない，子どもの平等な人

権保障が進められている。日本も最近，この流れにくみすることになったが（→第4章），現実には非嫡出子の出生率の少なさから，子どもをもつことが夫婦そろった家庭によって実現されねばならないという規範意識があること，それが現代日本においては，人々にとって妊娠先行型結婚（おめでた婚，できちゃった婚）のように結婚を促進する原因になっていることが推測できる。それと同時に，この規範意識が，社会全体としては少子化を促進するよう作用しているという逆説的状況が生じている。

▌誰が子育てしているか ▌

　では，子どもをもった場合，誰がどのように**子育て**に関わるのだろうか。出産を機に退職する女性は4割以上で，近年増加傾向にある。他方，就業継続は3割から4割ほどで，結果的に第一子を出産する女性の6～7割が専業主婦となっている（→第5章）。その結果，家事・育児時間だけでなく，子どもと過ごす時間そのものが，父親と母親では大きく違っている。国際的に比較してみると，日本の父親が子どもと過ごす時間は短く，父親と母親との差がもっとも大きい。その差は毎日，4時間半にもなる（牧野ほか編 2010）。

　日本の父親の育児は，時間の長さだけでなく内容も母親と大きく違っている。父親が「毎日している」ことは「遊び相手」「入浴」が大半で，いわゆる楽しいことが中心である。この偏りは他の国と比較しても日本の特徴である。さらに問題なのは，1994年と2005年では，その間にさまざまな少子化対策が行われたのに，日本の父親のかかわり方にほとんどまったく変化がみられなかったことである（牧野ほか編 2010；石井クンツ 2013）。

　次に，主に子どもをもつ女性が，誰をもっとも頼りにするかをみてみよう。図6-8は既婚で子どもをもつ女性が回答したもので，第一子が0歳から3歳になるまで日常的にはほとんど自分だけが頼りである。困ったときや，自分が病気になったときの子どもの世話は，夫がかなり頼りにされるものの，その場合にも両親（近年は自分の親のほうが多い）は，夫と同じぐらいかそれ以上に頼られている。第二子出産時の第一子の世話では，さらに両親が頼られ，夫はほとんど頼られない。なお，図に示していないが，この調査では「2番目に頼る人」についても尋ねている。その場合も，第二子出産時の子どもの世話で夫が

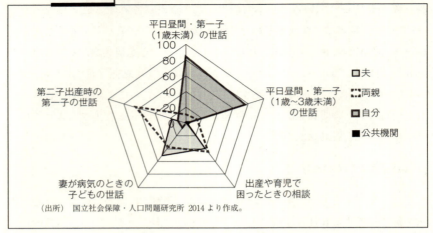

図6-8 子育てでもっとも頼る人
（出所）国立社会保障・人口問題研究所 2014 より作成。

少し多いが、それ以外では常に夫よりも両親が頼られている。これらから、現代日本の子育ては非常に母親に集中しており、それを支えているのは祖父母だといえる。

なぜ、これほどまでに父親が育児しない（できない）のだろうか。これには多くの仮説がある。そのいくつかを表6-1にまとめた（大和ほか編 2008；石井クンツ 2013）。どの説も、必ず規定要因であると検証されたものではなく、国によっても結果は異なり、議論が続いている。

政府は、父親が育児にかかわることを促すため、育児・介護休業法を改正し（通称「パパ・ママ育休プラス」、2010年施行）、同時に「イクメンプロジェクト」（http://ikumen-project.jp/）をスタートさせた。また、これと連動して行われている内閣府の「ワーク・ライフ・バランス（仕事と生活の調和）」促進のための調査によれば、6歳未満の子どもをもつ有配偶男性の27.1％は、条件が整っていれば育児休業を取得したかったと回答している。しかし実際には、父親の育児休業取得は1.9％（2012年）、1日あたりの家事・育児時間は1日あたり67分（2011年）となっていて、依然として父親の育児参加は進んでいない。現実は、政府のかかげる目標とも、男性たちの希望とも大きく異なっている（内閣府 2013b）。

また、人々がもちたいと希望する子ども数については、前節であまり変化していないことをみたが（2010年で2.4人）、現実はそれよりも少ない。その最大

CHART 表6-1	父親の育児参加の規定要因に関する主な仮説
①相対的資源説（権力説）	社会的資源（学歴や収入）を相対的に多くもつ者のほうが，子育てを行わない。
②時間制約説	時間的余裕がなくなるほど育児に参加しない。
③イデオロギー／性役割説	性別役割分業観を肯定する価値観をもつほど，育児に参加しない。
④ニーズ説	子ども数が多かったり，末子年齢が小さいなど，育児総量の増加によって父親の育児参加が促される。
⑤代替的マンパワー説	家族のなかで父親以外に育児を担う人がいれば（祖父母など），父親は育児に参加しない。
⑥職場環境説	育児休業をとりやすい職場の雰囲気や支援制度があるほど，職場で自主性が許されるほど，職場のストレスが低いほど，男性は子育てを行う。
⑦父親アイデンティティ説	自分にとって父親役割が重要だと思う男性のほうが，子育てを行う。
⑧母親のゲートキーピング説	妻から育児をよく頼まれる夫ほど，子育てを多く行う。

の理由として，人々が挙げるのは「子育てや教育にお金がかかりすぎるから」という理由である（30 ～ 34 歳の 76%。国立社会保障・人口問題研究所 2010）。たしかに，諸外国と比較して，日本では子育てに対する公的支出の比率は低く，私的負担は大きい。そのような状況で，多くの女性が就労継続を断念して育児に専念し（つまり家計収入を失い），多くの男性が育児休業の取得をあきらめて稼ぎ主役割を担っている。子どもをもつことが家族の喜びである一方で，育児に必要な人手と金の両側面において厳しい状況にあるのが，現代日本の子どもをもつ家族である。子育て支援として，経済的支援（手当や税金の控除，助成金など），人的支援（保育サービスなど），物的支援が必要とされている。

子育てを支える社会とは

現在の子育て支援政策の最終的な目的は少子化の解消であるが，その重要な柱の1つとして虐待防止がある。虐待に関する児童相談所への相談件数は，1990 年に約 1000 件であったものが，2013 年には 7 万件近くへとこの 20 年あまりで増加した。しかし，これは虐待の実際の増加そのものというより，児童虐待防止法制定（2000 年）や児童相談所の設置，メディアで大きく報道される

虐待事件などがきっかけとなり，人々の問題意識が大きく変化したことによるといわれる。特に近年の急増は，近隣・知人による「泣き声」の通告と，警察からの DV 相談にともなう通告による（山本 2013）。

　相談では，主たる虐待者は実母が約 6 割でもっとも多く，実父が約 3 割で，この傾向は一貫している。しかし，現実の虐待件数を把握することは，多くが家庭内で起こるために発見しにくく，難しい。死亡に至るケースは，年間 100 人ほどが判明しており，新生児の比率が高い。主たる加害者は実母が約 75％，実父が約 6％で，父母を含む複数でのケースもある（社会保障審議会児童部会児童虐待等要保護事例の検証に関する専門委員会 2014）。

　子ども虐待は，貧困，育児に不慣れであること，母親の心身の健康状態（妊娠中の状態を含む）など，さまざまな生活ストレスによって引き起こされる。また，若年での妊娠・望まない妊娠といったハンディがある場合も多く，妊婦健診の未受診・母子健康手帳の未発行など，公的支援を利用できていないケースが多い。

　一般に，母親たちの育児不安がもっとも高いのは，産後の退院直後から 1 カ月間である（原田 2006）。産後に不安が高まるのは，母親に育児経験がなくイメージと現実とのギャップが大きいなかで，孤立して育児することになるからである。そのとき，夫の家事・育児参加はもちろんのこと，話をきくだけの関わり方でも，母親たちのストレスが低くなることが多くの研究で明らかにされている。

　また，親族のサポートや，妻の家庭外での活動は，育児不安を低くし，ストレスを軽減する（牧野 1982）。育児者が直面する課題は複雑であるため，夫や親などの緊密なネットワークと，世帯外の，たとえば時々一緒に遊ぶとか育児情報が得られるといった弱いネットワークの両方が，「バランスよくある状態」が効果的であるという指摘もある（松田 2008）。

　育児ネットワークは，公共機関によるフォーマルなものと親族・知人等のインフォーマルなものの組み合わせとなる。他国の状況をみると，同じアジアでも，父親や親族ネットワークが機能しているタイ，父親と親族のほかに公共機関が大きな機能を果たす中国，子守をする使用人がいるシンガポールや台湾，夫はあまり育児をしないが親族ネットワークが強い韓国などさまざまである

（落合ほか編 2007）。欧米では，ベビーシッターが多い米国，保育ママなど多様な公的プログラムが利用されるフランス，保育園と地域ネットワークが強いスウェーデンなどがある（牧野ほか編 2010；石田ほか編 2013）。

　他国と比較して，日本の特徴は，先ほど述べたように1歳から3歳までの育児が母親だけに大きく依存していることである。この傾向は，第二次世界大戦後に当時の厚生省が欧米の近代家族をモデルとして普及させた3歳児神話（子どもが3歳になるまでは実母が育てるべきであるという考え）が残存しているのだと思われる。子どもの発達にとっては，養育者たちとの間に安定した愛着関係（attachment）を形成することがその後の心理的安定をもたらすと言われているが，この養育者は子どもからの働きかけに適切な対応を行う者であって，必ずしも実母であるとは限らず，1人とも限らない。逆に，特定の人物との愛着関係が強すぎると，子どもが他の人々と社会関係を結ぶことができなくなると言われている。3歳児神話にとらわれず，育児を支える諸外国のさまざまな工夫を知り，この社会を未来につなぐ子育てをよりよく保障することが必要である。

4 親とは誰か，子とは誰か

生殖補助技術と親子関係

　育児支援が不足する日本であっても，子どもをもちたい・育てたいと願う人々は多く，現代では，急速に発達する生殖補助技術が人々に子どもをもたらしている。表6-2には，主な技術と**親子関係**，諸外国の法的規制（2014年5月現在）をまとめた。大きく分けると，精子を性関係を介さずに人為的に授精に利用する「人工授精」，卵子を体外で人為的に受精させる「体外受精」，第三者の子宮を利用する「代理出産」がある。

　日本では，非配偶者（夫ではない男性）による人工授精が最初の報告例（1949年）から70年間ほども続けられている。戸籍では夫の実子として偽られてきたのでその実態はわかっていないが，累計で約1万5千人ほどが生まれたといわれている（吉村 2010）。体外受精による赤ちゃんが初めて誕生したのは，世

CHART 表 6-2　生殖補助の主な技術と各国の規制

非商業的利用				イタリア	フィンランド	スペイン	スウェーデン	オーストラリア・ヴィクトリア州	フランス	イギリス	ドイツ	韓国
異性愛カップル	卵子	精子	子宮									
人工授精 ①配偶者間	妻	夫	妻	○	○	○	○	○	○	○	○	○
②非配偶者間	妻	■	妻	×	○	○	○	○	○	○	○	○
体外受精 ③配偶者間	妻	夫	妻	○	○	○	○	○	○	○	○	○
④精子提供	妻	■	妻	×	○	○	○	○	○	○	○	○
⑤卵子提供	●	夫	妻	×	○	○	○	○	○	○	×	○
⑥胚提供	●	■	妻	×	○	○	×	○	○	○	×	○
代理出産 ⑦古典的代理母	▲	夫	▲	×	×	×	×	○	×	○	×	○
⑧卵子提供＋代理出産	妻	夫	▲	×	×	×	×	○	×	○	×	○
⑨胚提供＋代理出産	●	■／夫	▲	×	×	×	×	○	×	○	×	○
事実婚，同性愛カップル，単身者の利用				異性愛の事実婚	単身者を含む女性	18歳以上の女性	同性婚・事実婚	規程なし	異性愛の事実婚	規程なし	異性愛の事実婚	異性愛の法律婚のみ
子どもの出自を知る権利				規程なし	○	一部○	○	○	×	○	○	規程なし

（注）　2014年現在。●■▲は夫婦以外。

界ではイギリスで 1978 年に，日本では 1983 年であった。その後 30 年以上が
経ち，出生総数は 30 万人を超える（日本産科婦人科学会 2012）。現在，体外受
精による出生のみで年間約 3 万人，全出生の 3 ％弱を占めている（厚生労働
省 2013）。

　これらの技術のうち，体外受精は以下に述べる理由で画期的に性と生殖を切
り離すものである。

　体外受精の技術は，卵子を人為的に体外に出し，人工的に授精し，受精卵を

154 ● CHAPTER 6　妊娠・出産・子育て

女性の子宮に入れる。人工授精と異なり，卵子および受精卵を女性の体外で第三者が取り扱う，非常に操作性の高い方法である。それにくわえて，どの精子を使うかをも第三者が選択し授精する場合（顕微授精）には，まったく人為的に受精卵がつくられる。たとえば，表6-2の体外受精③は，卵子や精子の関係性からすると人工授精①と同じようにみえるが，受精が体外で人工的に行われるため，実際には卵子・精子・受精卵を「選択」することが可能な，まったく異なるプロセスだと考えねばならない。

　さらに，卵子・精子・受精卵はすべて，人々の体から切り離されるので，性関係が生殖と無関係なだけでなく，子宮で育み出産するということも自明ではなくなる。受精卵を遺伝的な母親の子宮に戻さねばならない必然性はないので，子どもを産む女性が遺伝的な母親であるとは限らない。ここに，3種類めの代理出産という選択肢が生まれた。

　体外受精を用いる生殖補助技術では，自然な性と生殖の関係においては決して女性の体外に出ない生殖のプロセスが，体外で第三者に委ねられるため，生命倫理の問題が生じる。たとえば，受精卵は「人」か。受精卵が利用されずに余った場合，誰がどのようにそれらを「利用」できるのか。もし提供者が承諾すれば，「処分」してよいのか。そもそも，受精卵だけでなく，卵子や精子も生命の源なのではないか。生殖を厳正に考えるなら，このような疑問が浮上する。よって，一切の人為的介入を禁じ，避妊や自慰をも罪とする宗教も存在するわけで，根本的には「人」と「命」をどのように定義するか，という問題が関わっている。

　くわえて，性関係，そして生殖をもたらす人間関係をどのような場合に許容するか／禁じるか，という問題もある。あらゆる社会は，性関係（生殖を結果すると想定されてきた。図6-1Ⓐ）に関する規制，タブーをもっている。ならば，性関係をともなわない精子・卵子・受精卵・子宮の提供（図6-1Ⓒ）には，タブーは必要ないのだろうか。あるいは，生殖に関わるからこそ何らかの規制が，性関係への規制とは別に必要だろうか。

　これらの問題は，世界中で家族のあり方が多様なように，文化や宗教などによって正解が異なっている。表6-2に掲げた諸外国の法的規制の多様性自体が，生殖補助技術の問題を考えることの難しさを示唆している。規制は，何に

4　親とは誰か，子とは誰か　● 155

Column ⑤ 障害と家族

　家族が果たす重要な機能の1つに，ケアがある。日常生活においてケアが必要な障害をもつ者が家族と生活をする場合，障害の程度にもよるが，家族に現実に大きな負担がかかることが多い。親は自分の死後の子どもの生活を憂慮し，結果として産まないという選択（中絶）や親子心中，子殺しが生じることもある。障害を含め，人の一生にはさまざまなケアが必要であるが，それらは決して家族だけでは担いきれないので，社会で支えるしくみが必要である。

　過去には，次世代に障がい者が存在しなくなるようにという意図から，多くの社会で障がい者の断種（生殖能力を奪うこと）や，施設への入所とともに一生を独身で過ごさせることが行われてきた。日本では，戦前からの差別に加えて，第二次世界大戦後に優生保護法とらい予防法が制定され，障害をもつ人々やハンセン病者から「家族をもつ権利」を奪った。これらの法律は1996年に人権保障の観点から改正・廃止された。

よって左右されているのだろうか。たとえば②や④は妻が夫ではない男性との間に非嫡出子をつくることと遺伝的関係は同じであり，また⑦は，夫が妻ではない女性との間に非嫡出子をもうけることと遺伝的関係は同じである。しかし，1つの理由としては，それが性関係をともなうかどうかによって，社会的容認の程度が異なるのではないだろうか。

　日本では，生殖補助技術はそれを規制する法律がないまま（2014年10月現在。クローン技術については「ヒトに関するクローン技術等の規制に関する法律」2000年制定），少子化対策の一翼を担い，公的に助成金が支出されている。助成件数はこの事業が始まった2004年度から年々増加し，2012年度推計は13万件以上にのぼる（厚生労働省 2013）。既婚女性のなかで不妊治療経験者は16.4％，不妊を心配したことがある割合は3割を超えている（国立社会保障・人口問題研究所 2010）。

　他方，代理出産は，関連する医学会が認めないと宣言しているが，法的規制がないため，人々の希望に応える実施例が存在する。また，日本で実施する医療機関が少ないため，外国に行く人々も多いといわれている。表6-2の国々では商業的利用が禁止されているが，米国，タイ，ブラジル，インドなど，商

Column ⑥ 家族計画 (family planning, planned parenthood)

　家族計画とは，夫婦または個人が，いつ，どのぐらいの人数の子どもをもつかを計画することである。世界人口・開発会議（カイロ，1994 年）や国連第 4 回世界女性会議（北京，1995 年）で，リプロダクティブ・ヘルス／ライツ（性と生殖に関する健康と権利）の一部として位置づけられた。

　「家族計画」はもともとは先進国や日本で，20 世紀前半から市民による運動（産児調節・産児制限等）として行われていたものである。しかし，国家の人口に影響するので，多くの開発途上国では，「家族計画」という名称でインセンティブ（金銭や物品などの報酬）や強制をともなう避妊や不妊手術が行われた。上に述べた 1990 年代の国際的な動きは，それに対して人々の人権，特に女性の人権を守ろうとするものである。日本も両国際会議の宣言等に署名しているので，政府は，性に関する情報の提供，安全で安価な手段の提供などによって，人々の「家族計画」の実現を保障する責務を負っている。

業的利用が許されている国々もある（松尾 2013；日比野編 2013）。日本では，生殖技術はいまや，家族を形成するにあたって，なくてはならない選択肢となっており，子どもを望む人々が生殖補助技術に対する欲望をつのらせていく，まさにアノミー的状況である。

　そのような状況のなか，私たちが生殖補助技術の利用を考える際には，上で述べた生命倫理の問題とともに考慮すべきことがある。いずれも人権に関わることで，第 1 にリプロダクティブ・ライツ（性と生殖に関する健康を達成するための権利），第 2 に子どもの権利，第 3 にセクシュアル・ライツ（性の健康を達成するための権利）である。

　リプロダクティブ・ライツが考慮の第 1 にくるのは，生殖補助技術がまず女性の体を対象としており，したがって圧倒的に女性の心身に負担をかけるものだからである（塚原 2014）。第 2 に子どもの権利とは，生殖補助技術で生まれた子どもの，出自を知る権利である。この権利は，「子どもの権利条約」（国連 1989 年採択，日本 1994 年批准）に掲げられているが，保障のしかたは国によりさまざまである（表 6-2。才村編 2008；非配偶者間人工授精で生まれた人の自助グループ〔DOG: DI Offspring Group〕・長沖編 2014）。

4　親とは誰か，子とは誰か　● 157

第 3 に，セクシュアル・ライツである（World Association for Sexual Health 2014）。生殖補助技術は異性愛ではない人々に，子どもをもたらすことができる。また，性同一性障害の人々にとっても，生殖補助技術は子どもをもつための重要な手段の 1 つである。現代の日本社会では，まだ性的マイノリティの人権が家族制度に十分反映されるにいたっていない（→第 8 章）。しかし，この観点からも，生殖補助技術は現代の人々にとって家族形成に必要な手段となりつつある。

養子と里子

他方，私たちは生殖補助技術をもたない昔から，性関係がなくても子どもを得る方法を有してきた。**養子**と**里子**である。

養子は，現行民法において親子関係が定められている。普通養子と特別養子（原則として 6 歳未満）があり，前者は養親の「養子」となる。後者は戸籍上の実親との関係が断たれて，養親の「実子」となる。

養子は，前近代から戦前まで，日本でよく行われた慣行であった。江戸時代の農民においては「株」等と呼ばれる諸権限の相続が重要となり，相続人を必要とする家々が子どもの多い（余っている）家から養子をとったことがわかっている。その割合は階層や地域によって異なるが，たとえば関東地方の南多摩では家長の 20％が養子であった（黒須・落合 2002）。女児の養子縁組もあって，跡取り息子の嫁にする場合や，その女児を跡取りとし婿を迎える場合があった（沢山 2011）。夫婦，場合によっては子どもをもつ夫婦が「夫婦養子」となる場合もある。家の継承がさらに重要事であった武士階級においても，多くは外様大名や松平家，加賀前田藩などで 30％前後，少ない藩でも南部藩で相続の 8％を養子が占めていた。武家では父系継承が建前となっていたが，婚出した娘の息子（外孫，母系）を養子にしたり，世代の上下にこだわらない養子がみられるなど，さまざまな例があった（坪内 2001）。日本の養子慣行を東アジア諸国と比較した上野（1988）は，沖縄，朝鮮や中国と異なって，日本が父系・男子・下の世代等の条件にこだわらない，非常にゆるやかな規範をもって養子縁組を行ってきたと述べている。

養子は，戦後，多い時期には出生数の 2％，つまり現代の生殖補助技術による出生比率ほどを占めていたが，その後急速に減った（図 6-9）。その原因の 1

158 ● CHAPTER **6** 妊娠・出産・子育て

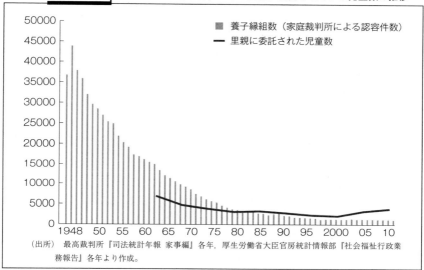

図6-9 養子縁組数，および里親に委託されている児童数の推移

(出所) 最高裁判所『司法統計年報 家事編』各年，厚生労働省大臣官房統計情報部『社会福祉行政業務報告』各年より作成。

つは，本章第2節で述べた生殖の統制で，人々が子ども数を望むように制限できるようになると「不要」の子どもは減ったからである。同時に，第二次世界大戦後の社会においては家族が近代化され，戦前のような「家」の継承者確保のニーズが減少した。いわば需要と供給のどちらも減ったといえる。これを子どもの側からみれば，はからずも家継承のため，また家業の労働力として必要とされることによって養子となり生かされる道が，家族の近代化によって失われたということができる。

現代では生殖補助技術が普及しつつあることから，子どもに何らかの遺伝的つながりを求め，あるいは「夫婦の子ども」として産むことを重視しているように思われる。そのなかで，養子縁組という家族のかたちは非常に少数となっている。

それに比較して，諸外国では国際的な養子も含めて養子縁組が活発である。政府が積極的に支援しているのはイギリス，フランスやドイツ，北欧諸国であるが，米国も実数として非常に多い（湯沢編 2007；石原 2010）。特に，海外養子縁組については，ハーグ条約がある。日本政府は，年間4万件を超える国際結婚（→第8章）に対応するため，そのうちの1つである『国際的な子の奪取の民事上の側面に関する条約』（1980年）を2014年に発効させたが『国家間養

4 親とは誰か，子とは誰か ● 159

子縁組に関する子の保護及び協力に関する条約』（1993年）については批准しておらず，養子の家族関係にかかる権利保護がなお必要である。

そしてまた，生殖補助技術を利用する場合と同じであるが，養子も自分の出自を知る権利があるのだから，これを保障していくことが必要であろう。特に，特別養子縁組は実親との関係が戸籍からたどりにくくなることによって，子どもの出自を知る権利が侵害されている。

里子は，養子とともに古くからの慣習であるが，民法による親子関係の位置づけがない。ただし，児童福祉法では，「保護者のない児童又は保護者に監護させることが不適当であると認められる児童（要保護児童）」のための「里親制度」として「養育里親」「専門里親」制度があり，前者は里親全体の約8割，後者は数パーセントを占める。そのほかに，親族が里親を務める「親族里親」や，養子縁組を希望している里親がある。

里子となる児童は，いわゆる家族的な関係のなかで養育されることになるが，これは要保護児童のうちの約1割である。要保護児童の9割，2万人以上が児童養護施設で暮らしており，これが，諸外国と比較して日本の児童養護の大きな特徴である（厚生労働省大臣官房統計情報部 2012；津崎 2009）。

現代においては，施設養護の問題点が種々指摘される一方で，里親家庭での養育の困難も存在する。和泉（2006）は里親里子関係を，①血縁や共通の氏がない，②「措置変更」という手続きによって里親里子関係を終了させることができる，という通常に形成される家族と大きく異なる2つの条件のもとで，家族関係を構築しようとする実践だと述べている。子どもを育てることは，そもそも困難をともなうものである。しかしまた，深い喜びや学びをもたらしてくれる。親子という関係が自明でなくなりつつある現代，あらためて「親」とは何か，「子」とは何を意味するのかを考えたい。

望ましい子育て／支援政策を考えよう

本章では性と生殖が切り離され，さまざまな方法で人々が子どもをもたないようにしたり，子どもを産み育てようとしたりするありさまについて述べた。子どもをもつこと・もたないことは，法律や社会保障等の制度，文化（子どもを産み育てることに与えられる意味や性関係に関する規範等），また避妊や人工妊娠

中絶の技術，生殖補助技術のような科学技術の発達に大きな影響を受けている。特に，国の関わりは，日本においては戦後の人口抑制政策（Ⓑ性関係をもっても子どもを産まないルート），子育て支援政策（Ⓐ性関係によって子どもを産むルート），現代の子育て支援政策の1つである不妊治療助成制度（Ⓒ生殖補助技術により子どもをもつルート）や養子制度というように，どの局面にも大きい。

　他方，世界には，生命倫理から子育てのしかたまで，日本と異なる制度・文化をもち，科学技術を異なるかたちで利用する国々が存在する。それらを参考にして，私たちにとって「子どもをもつ」という家族的関係をどのように実現するのが望ましいか，また国として望ましい政策はどのようなものかを考えよう。

EXERCISE ● 課題

　① 　図6-3⑴の諸国について，子育て支援の政策も類似しているかどうか，調べてみよう。
　⇒発展問題；世界経済フォーラムや世界銀行のデータを用いて，図6-3⑴に他の国々を書き込み，結果と要因について考察しよう。(http://www3.weforum.org/docs/WEF_GenderGap_Report_2013.pdf，http://www.worldbank.org/)
　② 　周囲の父親にインタビューを行い，父親の育児への関わり方を規定する要因について，表6-1のどの仮説が当てはまるかを検討しよう。
　③ 　表6-2の国々は，どのような理由によって，規制を定めているのか考えてみよう。また，どのような場合に，どの生殖補助技術の利用が容認できるかについて，他の人々と討議しよう。

引用文献┃　　　　　　　　　　　　　　　　　　　　　　　Reference ●

　ビラーリ，F.，2008「ヨーロッパの超少子化──その原因と意味」国立社会保障・人口問題研究所編『超少子化と家族・社会の変容──ヨーロッパの経験と日本の政策課題』
　ゴールドシュタイン，J.，2008「3種類の低出生力」国立社会保障・人口問題研究所編『超少子化と家族・社会の変容──ヨーロッパの経験と日本の政策

4 親とは誰か，子とは誰か　● 161

課題』

原田正文，2006『子育ての変貌と次世代育成支援——兵庫レポートにみる子育て現場と子ども虐待予防』名古屋大学出版会

日比野由利編，2013『グローバル化時代における生殖技術と家族形成』日本評論社

非配偶者間人工授精で生まれた人の自助グループ（DOG: DI Offspring Group）・長沖暁子編，2014『AID で生まれるということ——精子提供で生まれた子どもたちの声』萬書房

石田久仁子ほか編，2013『フランスのワーク・ライフ・バランス——男女平等政策入門：EU，フランスから日本へ』パド・ウィメンズ・オフィス

石原理，2010『生殖医療と家族のかたち——先進国スウェーデンの実践』平凡社

石井クンツ昌子，2013『「育メン」現象の社会学——育児・子育て参加への希望を叶えるために』ミネルヴァ書房

岩澤美帆，2002「近年の期間 TFR 変動における結婚行動および夫婦の出生行動の変化の寄与について」『人口問題研究』58（3）

岩澤美帆，2008「初婚・離婚の動向と出生率への影響」『人口問題研究』64（4）

和泉弘恵，2006『里親とは何か——家族する時代の社会学』勁草書房

国立社会保障・人口問題研究所，2005『第 13 回出生動向基本調査（夫婦調査)』（http://www.ipps.go.jp/ps-doukou/j/doukou13/doukou13.asp/）

国立社会保障・人口問題研究所，2010『第 14 回出生動向基本調査（夫婦調査)』（http://www.ipps.go.jp/ps-doukou/j/doukou14/doukou14.asp/）

国立社会保障・人口問題研究所，2014『全国家庭動向調査』（http://www.ipps.go.jp/）

国立社会保障・人口問題研究所編，2004『平成 14 年わが国夫婦の結婚過程と出生力——第 12 回出生動向基本調査』厚生統計協会

国立社会保障・人口問題研究所編，2013『人口の動向 日本と世界——人口統計資料集 2013』厚生労働統計協会

厚生労働省，2013『「不妊に悩む方への特定治療支援事業等のあり方に関する検討会」報告書』（http://www.mhlw.go.jp/）

厚生労働省大臣官房統計情報部，2012『社会福祉施設等調査』（http://www.e-stat.go.jp/）

黒須里美・落合恵美子，2002「人口学的制約と養子——幕末維新期多摩農村における継承戦略」速水融編『近代移行期の家族と歴史』ミネルヴァ書房

毎日新聞社人口問題調査会編，1992『記録・日本の人口——少産への軌跡〔改訂版〕』毎日新聞社

牧野カツコ，1982「乳幼児をもつ母親の生活と〈育児不安〉」『家庭教育研究所紀要』3

牧野カツコほか編，2010『国際比較にみる世界の家族と子育て』ミネルヴァ書房

松田茂樹，2008『何が育児を支えるのか——中庸なネットワークの強さ』勁草書房

松尾瑞穂，2013『インドにおける代理出産の文化論——出産の商品化のゆくえ』風響社

内閣府，2013a『平成25年版 少子化社会対策白書』

内閣府，2013b『ワーク・ライフ・バランスに関する個人・企業調査』(http://www.cao.go.jp/wlb/research/wlb_h2511/7_kekka.pdf)

日本家族社会学会，2010『第3回家族についての全国調査（NFRJ08）第一次報告書』

日本産科婦人科学会，2012「平成23年度倫理委員会 登録・調査小委員会報告」『日本産科婦人科学会誌』64 (9)

西川祐子，2004『住まいと家族をめぐる物語——男の家，女の家，性別のない部屋』集英社

落合恵美子・山根真理・宮坂靖子編，2007『アジアの家族とジェンダー』勁草書房

才村眞理編，2008『生殖補助医療で生まれた子どもの出自を知る権利』福村出版

沢山美果子，2011「『乳』からみた近世大坂の捨て子の養育」『文化共生学研究』10，岡山大学大学院社会文化科学研究科

社会保障審議会児童部会児童虐待等要保護事例の検証に関する専門委員会，2014『子ども虐待による死亡事例等の検証結果等について 第10次報告』(http://www.mhlw.go.jp/bunya/kodomo/dv37/index_10.html/)

総務省統計局，1970『国勢調査報告』(http://www.e-stat.go.jp/)

総務省統計局監修，2006『日本長期統計総覧〔新版〕』日本統計協会

田間泰子，2006『「近代家族」とボディ・ポリティクス』世界思想社

坪内玲子，2001『継承の人口社会学——誰が「家」を継いだか』ミネルヴァ書房

塚原久美，2014『中絶技術とリプロダクティヴ・ライツ——フェミニスト倫理の視点から』勁草書房

津崎哲雄，2009『この国の子どもたち 要保護児童社会的養護の日本的構築
　　──大人の既得権益と子どもの福祉』日本加除出版

上野和男，1988「東アジアにおける養子の比較研究」大竹秀男ほか『擬制され
　　た親子──養子』三省堂

World Association for Sexual Health, 2014, *Declaration of Sexual Rights*
　　(http://www.world sexology.org/wp-content/)

World Economic Forum, 2013, *Global Gender Gap Report* (http://www3.
　　weforum.org/docs/WEF_GenderGap_Report_2013.pdf/)

山本恒雄，2013「解説レポート 児童虐待の現状」『愛育ネット（子ども家庭福
　　祉情報提供事業）』(http://www.aiikunet.jp/exposion/manuscript/20022.html/)

大和礼子ほか編，2008『男の育児 女の育児──家族社会学からのアプローチ』
　　昭和堂

吉村泰典，2010『生殖医療の未来学──生まれてくる子のために』診断と治療
　　社

湯沢雍彦編，2007『要保護児童養子斡旋の国際比較』日本加除出版

CHAPTER

第 **7** 章

親 – 成人子関係のゆくえ

KEYWORD

親−成人子関係 息子−親関係 父系 娘−親関係 性別分業型双系 男性稼ぎ主型
生活保障 同居 相続 経済的援助 世話的援助

QUESTION

親−成人子関係は，近年どのように変化しているか？ その社会的要因は何か？

1 はじめに

▶ 変化する親−成人子関係

　親子関係は前期・中期・後期の3期に分けることができる。前期の親子関係
とは「未成人子と親」の関係であり，子が幼少期や青年期（学校教育終了まで）
の親子関係である。次に中期は「成人子と壮年期の親」の関係であり，子が学
校教育終了後に就職して経済的に自立してから，親が高齢期になるまでの親子
関係である。そして後期は「成人子と高齢期の親」の関係である。この章では
中～後期，つまり親−成人子の関係についてみていく（前期親子関係のうち特に
幼少期については第6章を参照）。

　これまでの社会では，前期→中期→後期と移行するにつれ，親と子それぞれ
がもつ経済的資源は図7-1のAのようにÌ変化すると考えられてきた。まず前
期においては，親の経済的資源のほうが圧倒的に豊かで，子は生活全般を親に
依存する。しかし中期になると，子の成長にともなって子自身の資源も増え，
親子の資源差は小さくなる。この時期においては，親子は互いに相手の資源に
依存しなくても基本的な生活ができるようになる。しかし実際には，さまざま
な危機に遭遇したときに，あるいはたとえ平常時でも日常生活をよりスムーズ
におくるために，さらには実利のためではなく親子の情緒的な絆により，親子
が相互に助け合うことも多い。そして後期になると，親は高齢になって経済的
資源が縮小していき，前期とは親子の関係が逆転して，親が子に依存するよう
になる。

166 ● CHAPTER 7 親−成人子関係のゆくえ

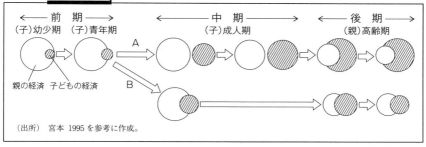

図7-1 ライフコースを通じた親子の経済関係の推移

(出所) 宮本 1995 を参考に作成。

しかしながら，社会が変化すると親子関係も変化する。近年では図7-1のBのように，中期親子関係（子が成人後）になっても子の資源が増えず，子が親に依存し続ける，そして後期親子関係（親が高齢期）になっても親子の経済的資源の逆転が起こらない，といったことが生じているといわれている。

なぜこのような変化が起こったのか。また，これからの時代を生きる人々は，自分の親とどんな関係をもっていくことになるのか。さらに結婚をした場合には，結婚相手（配偶者）の親とはどんな関係をもち，それは自分の親との関係とはどう違うのか。本章ではこのような問いについて考えていきたい。

次の第2節では，親‐成人子関係についての5つの理論枠組みを紹介する。第3節では，第二次大戦後の日本を中心に，親‐成人子関係を取り巻く社会環境がどのように変化したかについてみていく。第4節では，現代日本の親‐成人子関係の特徴と課題を，社会環境と関連づけつつ，そして他の社会と比較しつつみていく。最後に第5節では，これからの親‐成人子関係のゆくえについて，少子高齢化と経済のグローバル化の影響に注目して考察する。

親‐成人子関係についての理論枠組み

社会が変化すると親子関係も変化する。社会の変化が親‐成人子関係にどのような影響を与えるかについては，表7-1の1)～5)のように大きく5つの理論枠組みがある。この表のA列は，社会の変化によって親‐成人子関係が「弱まったか，維持されたか，あるいはむしろ強まったか」について1)～5)の各論がどうとらえているかを示し，B列は，親子関係（特に親と既婚子との関

CHART 表7-1　家族内の親−成人子関係についての主要な理論枠組み

	A　親−成人子関係の強さ	B　父系 vs. 母系 vs. 双系
1）核家族孤立化論 （パーソンズ）	産業化により親−成人子関係は**弱まる**。	父系優位の傾向は弱まり，**双系化**が進む。
2）修正拡大家族論 （リトワク）	産業化により別居は増えるが，親−成人子関係は**維持される**。	母−娘を中心とした相互援助が強まり，**母系優位**の傾向が強まる。
3）文化的規範論 （パルモア）	産業化が進んでも，「孝」の伝統をもつ社会では，親−成人子関係は**維持される**。	**父系優位**の傾向も維持される。
4）人口学的要因論 （ベングッソン，落合）	親−成人子関係は，長寿化によって長期化し，少子化（きょうだい数の減少）によって緊密化する。つまり量・質の両面で**強まる**。	きょうだい数の減少により，夫方と妻方（あるいは息子と娘）によって扱いを変えることが難しくなり，**非性別分業型の双系化**が進む。
5）政策・制度論 （ウォーカー，大和）	親−成人子関係は，政策・制度により異なる。 日本（特に1990年代以降）のように生活保障が親世代には手厚く，子世代には乏しい場合，**親から成人子への支援が強まる**。	どの傾向が強まるかは政策・制度により異なる。 戦後日本のような男性稼ぎ主型の制度のもとでは，**性別分業型の双系**が強まる。

係）のうち，「**息子−親関係（父系）**がより中心的か，**娘−親関係（母系）**がより中心的か，それとも両方の関係が重視されるか（双系）」について1）〜5）の各論がどうとらえているかを示している。以下ではこの表にしたがって，1）〜5）の理論枠組みについて説明する。

核家族孤立化論

　近代化とそれにともなう産業化は，親−成人子関係にも大きな影響を及ぼした。核家族孤立化論（たとえばParsons 1949）は，産業化にともない親−成人子関係は弱化すると考える。この説によると，産業化が進む前の，第一次産業（農林漁業など）や自営業が中心の社会では，成人子は親と同居し，生計を共にし，同じ仕事を一緒にすることが多かった。そこでは仕事を通じて結ばれた父−息子関係が，母−娘関係より優位に扱われた。しかし産業化が進み第二次産

業（工業など）・第三次産業（商業など）が中心になり，雇われて働くサラリーマンが多数派になった社会では，子どもたちは成人すると，親とは別の職業につき，別の場所に住み，生計も別にすることが多くなる（→第2章）。したがって産業化が進むと親－成人子関係は全般的に弱まり，特に父－息子関係はそれぞれが別の仕事につくようになるので弱まる。その結果，息子との関係（父系）が娘との関係（母系）より優先されることは少なくなり，双系化が進む。

修正拡大家族論

前述の核家族孤立化論は主に3つの立場から批判を受けた。1つめは修正拡大家族論からの批判である。修正拡大家族論を主張する研究者たち（たとえばLitwak 1960）は，産業化が進んだ社会においても親－成人子関係は維持されると主張する。なぜなら交通・通信手段の発達により離れて住んでいても家族は活発に行き来・連絡ができ，相互に強力な生活保障を提供しあえるからである。ただしサラリーマンが中心となった社会では，仕事を通じた父－息子の結びつきは弱まるが，家事・育児・介護などの助け合いを通じた母－娘関係はそれほど弱まらないので，母系優位の傾向が強まると考える。

文化的規範論

核家族孤立化論に対する2つめの批判は，文化的規範論からの批判である。文化的規範の影響を重視する研究者たち（たとえばPalmore & Maeda 1985）は，日本のような「孝」を重視する文化的規範がある社会では，産業化が進み職業構造が変化しても，親－成人子の親密な関係や，息子との関係を娘とのそれより優先する意識や慣行は，維持されると論じた。

人口学的要因論

核家族孤立化論に対する3つめの批判は人口学的要因論からの批判である。この説を主張する研究者たち（たとえばBengtson 2001）は，近年の長寿化（寿命の延び）や少子化に注目し，次のように論じる。長寿化によって，親子（さらには祖父母と孫）が人生を共にする期間は以前に比べて長期化した。しかも修正拡大家族論が指摘したように，親と子（あるいは祖父母と孫）はたとえ住居を

2 親－成人子関係についての理論枠組み ● 169

別にしていても，頻繁に接触し相互に助け合っている。また少子化によって
きょうだい数が減少したため，親が1人ひとりの子どもともつ関係はより緊密
になった。さらに有職女性やシングルマザー／ファザーの増加によって，家
事・育児・介護・生計・その他の支援において，親−成人子の助け合いはます
ます重要になっている。こうした人口学的要因により，近年，親−成人子関係
は弱まるどころかむしろ強まっていると論じる。

　また落合恵美子は次のように論じる。少子化にともない，長男と長女の結婚
（あるいはひとり息子とひとり娘の結婚）は今後ますます増えると予想される。そ
うなるとこれまでのような父系優先の慣行（たとえば夫方の親とのみ同居したり，
別居していても夫方親との関係を妻方親とのそれより圧倒的に優先させること）は，夫
婦（あるいは夫方親と妻方親）の間で多くの軋轢を生むだろう。そうした軋轢を
避けるために，今後は「双系化」（両方の親とバランスよく付き合っていく関係）
が進むだろう（落合 2004 [1994]）。落合が論じる双系化は，きょうだいが少な
くなりきょうだいのなかでの性別分業が維持できなくなるために起こる双系化
なので，「性別分業のない双系化」だといえる。

政策・制度論

　ここまででみてきた1）〜4）の説はそれぞれ，産業化，文化的規範，ある
いは人口学的変化が，親−成人子関係に，特定方向の影響（たとえば関係を弱め
る，あるいは強める）を及ぼすと論じている。それに対して政策・制度論の立場
をとる人々（たとえばWalker 1993, 1996など）は，産業化，文化的規範，ある
いは人口学的変化が親−成人子関係に与える影響は，特定方向にあらかじめ決
まっているわけではなく，その社会の政策・制度がどのようなものかによって
異なると主張する。したがって産業化によって，ある制度のもとでは親−成人
子関係は弱まるが，別の制度のもとでは逆に強まるといったことがあると考え
る。さらに産業化，文化的規範，あるいは人口学的変化が親−成人子関係に与
える影響は，同じ制度のなかでも一律ではなく，社会階層・ジェンダー・エス
ニシティ（民族）などによって異なるとも考える。たとえば産業化によって，
ある階層では親−成人子関係が強まるが，別の階層では弱まるといったことが
あると考える。

では第二次世界大戦後の日本では，親−成人子関係のどの側面に対して，どの理論があてはまるだろうか。

 3　親−成人子関係を取り巻く社会環境の変化

| 産　業　化 |

　まず，第二次世界大戦後の日本においてどのような社会の変化が起こったのかについて，親−成人子関係を理解するうえで重要な3つの変化，つまり①産業化，②人口学的変化（長寿化と少子化），③政策・制度の変化（特に男性稼ぎ主型生活保障システムの発達と，ほころび）に注目してみていこう。

　まず産業化について，第2章図2-5で産業別労働者人口の比率の変化をみると，1950年においては第一次産業（農林水産業など）に従事する人が約半数を占めもっとも多数派だったが，その後は急激に減少していき，それに代わって第二次産業（鉱工業など）や第三次産業（商業やサービス業）に従事する人の比率が高まる。第二次産業の比率は1970年代以降は頭打ちになりその後は減少するが，第三次産業の比率は戦後一貫して伸び続けている。

　こうした産業構造の変化は，人々の就業形態にも影響を及ぼした。同じ図で被雇用者（雇われて働く人，つまりサラリーマン／サラリーウーマン）と自営業で働く人（自営業主と家族従業者）の比率をみると，1950年代では自営業のほうが多数を占めていたが，1960年代には両者の比率は逆転し，1980年以降は被雇用者のほうが圧倒的多数派になる。

| 人口学的変化──長寿化と少子化 |

　産業化にともなって生活が豊かになり，人々の寿命や出産行動も変化した。平均寿命は1950〜52年は男性59.6歳，女性63.0歳だったものが，2010年には男性79.6歳，女性86.3歳と，それぞれ20年と23.3年も伸びた。これはいわば，子どもが生まれてから成人するまでかそれ以上の期間にあたり，それほどにも人々はより長く生きるようになった（厚生労働省大臣官房統計情報部人口動

態・保健社会統計課「生命表（完全生命表）」による）。

　また子どもの数は，第6章の図6-2のTFR（合計特殊出生率＝女性が生涯に産む子ども数の推計）に示されているように，1人の女性が生む子ども数が減っている。戦後から間もない1950年には3.65人と多かったが，産業化にともなって1960年には2.00人と半分近くに減り，その後は2人未満という低い状況が続いている（1980年1.75人，1990年1.54人，2000年1.36人，2010年1.39人）。

政策・制度の変化

男性稼ぎ主型の生活保障制度とは何か　　産業化や人口学的変化に加えて，政策・制度も世代関係に大きな影響を与える。では戦後の日本における政策・制度の特徴はどのようなもので，それが世代関係にどのような影響を与えたか。

　戦後の日本における生活保障制度は，大沢真理（2007）による「男性稼ぎ主型」「両立支援型」「市場志向型」という3類型のうち，「男性稼ぎ主型」にあたる（→第3章）。「男性稼ぎ主型」とは，「夫は稼ぐことで家族を支え，妻は世話（ケア＝家事・育児・介護など）で家族を支え，国家は夫の稼ぎ主役割は支援するが，世話は家族の責任なのであまり支援しない」という想定に基づく生活保障システムである。日本のほかに大陸西欧諸国（ドイツなど）がこのタイプに含まれるが，大陸西欧と日本には違いがある。大陸西欧諸国では国家が直接的に男性の稼ぎ主役割を支える（失業手当や家族・子ども手当といった公的所得保障を通じて）という比重が高いが，日本では国家は直接的には企業を支え（企業補助金や公共事業を通じて），その企業が正規雇用を通じて男性稼ぎ主を支えるという比重が高い。つまり日本の政策・制度において家族の生活は，男性が安定的に正規雇用されることによって成り立つ仕組みになっている。

　このような男性稼ぎ主型の制度は，日本においては1950年代半ばに始まる高度経済成長期（→第4章の図4-3（I））に確立された。そして1980年代半ばからは，いわゆる専業主婦のいる家族を優遇する政策によってさらに強化された（たとえば税制においては，配偶者控除の拡大による税負担の軽減。医療・年金・介護などの社会保険においては，保険料負担なしで被扶養の妻を保険に加入させるといった優遇措置）。

　ちなみに日本とは異なるタイプとしては，北欧諸国などでみられる「両立支

172 ● CHAPTER 7　親−成人子関係のゆくえ

援型」（国家が直接的に労働もケア〔世話〕も支え，それによって男も女も労働とケア役割を両立する）と，英米などアングロサクソン諸国でみられる「市場志向型」（国家の支援は労働もケアも最小限にとどめ，市場〔企業〕に委ねる）がある（→第3章）。

　高齢者に対する公的支援の変遷　　上のように男性の正規雇用を通じて妻子の生活を保障するという仕組みが採用されたため，この仕組みから外れる高齢者の生活保障をどうするかが大きな問題となった（宮本 2008）。また高度経済成長によって多くの高齢者が成人子と離れて住むようになったことも，この問題に拍車をかけた。その結果，高齢者に対する公的支援が強く求められはじめた。

　表7-2は日本において高齢者に対する公的支援がどのように変化したかをまとめたものである（詳しくは大和 2008の第5章を参照）。まず戦前においては経済・介護の両面で，公的支援制度はないか，あっても極端に残余主義的なもの（家族のない極貧層に対するわずかの支援で，スティグマをともなう）だった。高齢者を支えるのは国家や社会の責任ではなく，家族の私的責任とされ，扶養をうける権利において配偶者や子より，親を優先すべきことが明治民法で規定されていた。さらに，親を扶養する責任を子が自らすすんで果たすよう，「親の恩」や「孝」といった思想を人々の心に叩き込むことが求められ，儒教的家族道徳の教育によってそれが行われた。このように，家族による私的扶養が強調された背景には，公的資金を福祉より富国強兵のために使うことが求められていたことがある。また農林漁業者・自営業者の多い社会だったので，親との同居扶養は人々にとって受け入れやすいライフスタイルだった。

　しかし敗戦後，家族を民主化するために民法は改正され，新しい法とその解釈においては，親の扶養より，配偶者と未成熟子（経済的に自立していない子）のほうが優先されることとなった。このような核家族イメージに基づく新しい法的家族像は，高度経済成長期の社会（つまり経済成長のために農村から商工業地帯へと若い人々が移動することが必要な社会）に求められるものでもあった。しかしその結果，「子どもは遠く離れた都市に暮らしており，老後に同居・扶養してくれる者がいない」といった高齢期の生活に対する人々の不安が高まった。人々（選挙民）の間のこうした不安に対応するため，高齢者に対する公的支援

CHART 表7-2　日本における年金・介護制度の発達

	公的支援		民法における扶養権利者の順位	社会的背景
	経済＝年金 （男性に期待される役割）	介護 （女性に期待される役割）		
第二次 大戦前	残余主義	ほとんどなし	親 ∨ 配偶者・子	富国強兵 自営業中心 直系家族
戦後～ 1950 年代		残余主義	配偶者・子 ∨ 親	占領期・復興期 憲法・民法の改正 ベビーブーム
1960 年代	開始期 （普遍主義だが金額が不十分） 1961：国民（皆）年金 （ただし，年金額はわずか）			高度成長 サラリーマン化 核家族
1970 年代	発展期 1973：厚生・国民年金の改革（年金額上昇）			
1980 年代	成熟期 （普遍主義で金額も十分）			
1990 年代	・家族による扶養の代替，つまりあてにできる年金（ただし男性は自分の年金，女性は夫の年金）。 ・したがって，男性は親を扶養する役割から解放される。	開始期 （普遍主義だが量的にまったく不十分） 1989：ゴールドプラン （経済的支援における開始期から約30年遅れる）		少子高齢化 グローバル化
2000 年～		発展期 （普遍主義だが量的に不十分） 2000：公的介護保険 （ただし家族介護の補助として設計） ・その後も成熟期（量的にも十分で家族介護の代替と位置づけられる時期）には達していない。 ・したがって，女性は親を介護する役割から解放されていない。		

（出所）　大和 2008 をもとに作成。

制度が発達していった。また高度経済成長によって税収が増え，国家の財政に余裕が生まれたことも，公的支援制度の発達を可能にした。

　しかし新たに発達した支援制度においても「男性稼ぎ主型」という性格が強くみられる。たとえば，①公的支援制度の開始の早さにおいても充実度においても，経済面（年金）が介護面より優先された，②年金（経済面での支援）において，男性（稼ぎ主であり自分の収入がある）は自分自身の年金をもつが，女性（家族の世話役であり自分の収入はない）は夫の年金に依存することが制度的に想

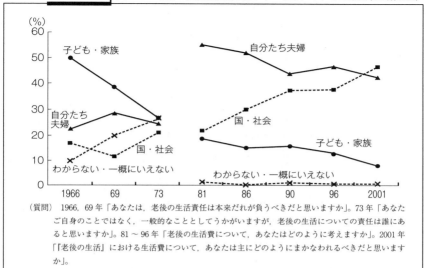

図7-2 老後の経済的扶養は誰がすべきかについての意識(60歳以上)

(質問) 1966, 69年「あなたは，老後の生活責任は本来だれが負うべきだと思いますか」。73年「あなたご自身のことではなく，一般的なこととしてうかがいますが，老後の生活についての責任は誰にあると思いますか」。81〜96年「老後の生活費について，あなたはどのように考えますか」。2001年「『老後の生活』における生活費について，あなたは主にどのようにまかなわれるべきだと思いますか」。

(選択肢) 1966〜73年「子ども（家族）の責任」「自分（たち夫婦）の責任」「国（社会全体）の責任」。1981〜2001年「家族が面倒をみるべき」「働けるうちに準備し家族や公的援助には頼らない」「社会保障によってまかなわれるべき」。

(出所) 大和 2008。

定された，といった点である。以下で具体的にみよう。

経済面での公的支援　公的支援は経済面と介護面に分けられるが，経済面（おもに男性に期待される役割）に対する支援，つまり年金が，介護面での支援より優先された。戦前・戦中につくられた年金は，金額もわずかなうえ被雇用者を対象としたものであり，自営業者に対する年金はなかった。その後の年金の発達は表7-2に示したように，開始・発展・成熟の3期に分けることができる。まず1960年代初めには自営業者をカバーする国民年金が発足した（開始期）。しかし年金額はわずかであった。そこで1973年には年金制度の改革が行われ，以降，年金額が毎年のように引き上げられた（発展期）。そして1980年代になると，老後の生計は子どもに依存しなくても公的年金によってある程度まかなえるようになり，公的年金は，家族による経済的援助の「代替」となった（成熟期）。

こうした制度の変化によって，図7-2に示したように，老後の経済は子ども・家族に頼るという人が1960年代には多数派だったが，1980年代以降にな

3　親-成人子関係を取り巻く社会環境の変化　● 175

ると自分たち夫婦や国・社会に頼る（これらは主に公的年金に頼ることを意味すると考えられる）という人が圧倒的多数派になった。つまり子世代（特に息子）は親を経済的に扶養する役割から解放された（大和 2008）。そして経済的ゆとりを手にした高齢世代はこれ以降，年金によって成人子を経済的に支援することが可能になった。つまり図 7-1 の B のように，成人子が親の経済に依存し続けることが可能な環境ができた。

　ただし年金，特に民間企業のサラリーマンを対象にした厚生年金や，公務員などを対象にした共済年金は，性別分業に基づいて設計されている。たとえば雇われて働いている人（その多くは男性）は年金に必ず加入しなければならないが（強制加入），その妻である専業主婦は加入の義務がなく，加入しない場合は無年金となり，夫の年金に依存することが想定されていた。1980 年代半ばになると，専業主婦の無年金問題に対応するため，専業主婦および年収 130 万円に満たないパートタイマー（ただしどちらもサラリーマンの妻であることが条件）を基礎年金でカバーする制度が発足した。しかしその年金額はやはりわずかであり，夫の年金に依存することが想定されていることに大きな変化はない。

　介護面での公的支援　　一方，介護（主に女性に期待される役割）は家族の責任とされたため，表 7-2 に示したように，介護における公的支援の開始期は年金より 30 年近く遅れた。1980 年代まで，公的サービスは家族がない人や低所得層に対するものしかなく（残余主義），介護が必要な人だれもが利用可能なサービス（普遍主義）はなかった。しかし長寿化によって介護が必要な高齢者が増加し，また年金の発達によって子と別居する高齢者も増えたため，家族のみによる介護が困難になっていった。そこで 1989 年に高齢者保健福祉推進十か年戦略（通称ゴールドプラン）が策定され，1990 年代になってはじめて，一般の人が利用できる公的介護サービスが本格的に開始された（開始期）。そして 2000 年には介護保険がスタートし，公的介護は拡充の段階に入った（発展期）。しかしその後も公的サービスは，家族介護を「補助」するものとして位置づけられており，公的年金のようにそれを「代替」するものとしては設計されていない（成熟期に達してはいない）。

　したがって介護については図 7-3 に示したように，1990 年代以降も，介護を主に頼る人として，男性は妻をあげる人が圧倒的多数派だし，女性も近親者

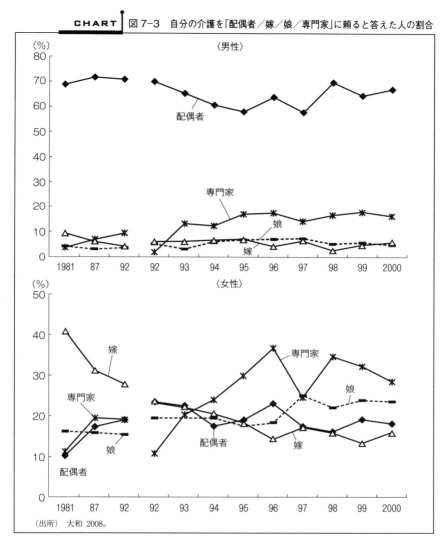

図7-3 自分の介護を「配偶者／嫁／娘／専門家」に頼ると答えた人の割合

(出所) 大和 2008。

（夫・娘・嫁）をあげる人が合わせて6〜7割を占めるのに対し，専門家に頼るという人は3割前後で少数派である。これを子世代からみると，子世代（特に嫁や娘）は親を介護する役割からまだ解放されていない（大和 2008）。

以上のような「男は仕事，女は家事・育児・介護」という性別分業を前提に，「男性稼ぎ主を公的に支える」という制度のもとでは，表7-1に示したように，親−成人子関係は**「性別分業型の双系」**（つまり息子−親関係と娘−親関係の両方が

3 親−成人子関係を取り巻く社会環境の変化 ● 177

重視されるが，その内容には違いがあり，経済面での援助は前者，世話面での援助は後者が中心）という性格が強まると予想できる（大和 2010）。

男性稼ぎ主型生活保障のほころび：中高年に手厚く，若年に乏しい　　しかし1990年代頃から**男性稼ぎ主型**の**生活保障**システムは，特に若年層においてほころび始めた。1990年代から始まった長期不況（ゼロ成長期。→第4章の図4-3 (Ⅲ)），そして経済のグローバル化による国際競争の激化を背景に，企業はよりいっそうの労働コストの削減を迫られた。しかしすでに雇用されている正規雇用者は雇用法制・慣行で保護されており削減が難しい。そこで新規採用において若年の正規採用を減らし，代わりに不安定雇用である非正規採用を増やした（玄田 2001）。また福祉や社会保障の分野においても，公的財源の不足のために，若い成人に対する公的支援は，金銭面（家族手当など）とサービス面（保育制度など）のどちらにおいてもそれほど進まなかったし，高齢者に対する公的支援もサービス面（介護）ではそれを抑制する政策がとられた。しかしその一方で，高齢者に対する金銭での支援（年金）は維持された。

その結果，「男性稼ぎ主型」の政策・制度の特徴である，「雇用・年金を通じて男性の稼ぎ主役割を支え，それによって家族の生活保障を行う」という仕組みは，中高年に対しては維持される一方で，若い成人に対してはほころび始めた。つまり1990年代以降，日本における「男性稼ぎ主型」の生活保障システムは，中高年に手厚く，若い成人には弱いというように，年齢層による格差が広がった。こうした点からも図7-1のA（成人子が高齢の親を支えるという従来型の親−成人子関係）ではなく，B（高齢の親が年金によって成人子を支える）の関係が広まる環境ができた（春日 2010）。

4 親−成人子関係はどう変化したか

同　居

東アジアやヨーロッパとの比較　　以上のような社会環境の変化を背景にして，親−成人子関係はどのように変化したか。同居，相続，経済的援助，世話

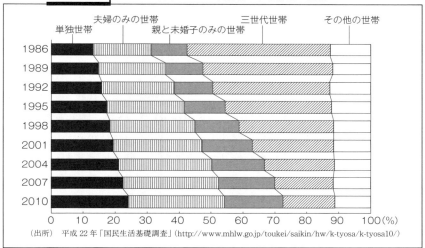

図7-4 日本における高齢者の世帯形態の変化

(出所) 平成22年「国民生活基礎調査」(http://www.mhlw.go.jp/toukei/saikin/hw/k-tyosa/k-tyosa10/)

的援助という側面からみていこう。まず同居について，東アジアやヨーロッパと比較すると，Column ⑦に示したように，日本の同居率はヨーロッパよりは高いが，東アジアのなかでは韓国と並んで低いと位置づけることができる。

既婚子と未婚子の比較 では成人子を既婚子と未婚子に分けると，親との同居率はどう異なるだろうか。高齢者と成人子の同居というと，アニメの『サザエさん』のような「三世代同居」つまり既婚子との同居というイメージが思い浮かぶ。しかし実際に既婚子との同居が多数派なのだろうか。図7-4は日本における高齢者の世帯形態の変化を示したものである。2004年まではたしかに既婚子との同居（図の三世代世帯）のほうが未婚子との同居より多かった。しかし既婚子との同居の割合は一貫して大幅に低下してきた一方，未婚子との同居はむしろ少しずつ増えてきた。その結果2007年からは，既婚子との同居より，未婚子との同居のほうが多くなった。未婚子との同居のほうが多数派になった背景としては，①産業化（自営業の減少とサラリーマンの増加による，既婚子との同居の減少），②年金制度の発達（高齢者の経済的自立による，既婚子との同居の減少），そして③男性稼ぎ主型生活保障のほころび（若年労働者の雇用不安定化による，未婚子との同居の増加）といった社会環境の変化がある。

未婚の成人子と親の同居 次に未婚子と既婚子に分けて，それぞれどのような場合に親と同居しやすいかについてみていこう。まず未婚子については，

親との同居を促進する要因として，以下のような要因が検討されてきた。

①親の経済力が高いこと： 山田（1999）は，親が経済的に豊かな場合，親と同居したほうが未婚子は豊かな生活を送れるので，未婚子は親と同居しやすいと論じる（パラサイト・シングル説）。

②未婚子の学歴があまり高くないこと： 子の学歴があまり高くないほうが，親と同居しやすいという説がある。その根拠についてはいくつかの説が考えられる。第1は学歴と地理的移動の関連に注目する説で，学歴があまり高くないと，親元を離れての就学・就職・転勤などが少なく，親元にとどまり同居することが多くなると考える。第2は学歴と雇用形態（正規雇用／非正規雇用）や収入の関連に注目する説で，学歴が高くないと，非正規雇用や不安定収入になりやすい（玄田 2001；太郎丸 2009）。こうした若者は親の収入に依存する必要があるし，結婚もしにくい（永瀬 2002）ので，親と同居しやすいとこの説は考える。

③大都市での居住： 未婚子の場合，大都市に住んでいるほうが，親と同居しやすいという説がある。この根拠についても，いくつかの説が考えられる。1つめは通勤距離に注目する説で，雇用機会の多い大都市に住んでいるほうが親元から通勤しやすいので，親との同居も多いと考える。2つめは住居費などの生活費に注目する説で，大都市では住居費などが高いので親と同居する必要が高まると考える。

これらのうちどの要因が実際に同居率を高めているだろうか。データ分析の結果によると，まず①親の経済力については，白波瀬（2005）が，親と同居する未婚子には，親が経済的に豊かな場合もあれば豊かでない場合もあるという結果を報告し，子が親にパラサイト（寄生）しているとは限らないと反論している。白波瀬によると，あまり豊かでない親と同居している未婚子は，親に生活費を渡すなど家計に大きく貢献している。

一方，②子の学歴があまり高くないことと，③大都市での居住については，どちらも同居を促進する効果があるという分析結果が報告されている（田渕・中里 2004）。これらが同居を促進する理由が，単に地理的移動が不要だったり通勤距離が短いためではなく，未婚子の経済的不安や生活費の不足のためならば，近年の未婚子と親との同居の増加には，男性稼ぎ主型生活保障のゆらぎ

CHART 表7-3　夫方親・妻方親との同別居と居住距離

	1998年			2008年	
	夫親	妻親		夫親	妻親
自分と同居	28.6	7.9	同じ建物内 （玄関も同じ）	22.7	7.9
となり・同じ敷地内	5.0	1.8	同じ建物内 （玄関は別）	2.5	0.7
			同じ敷地内の別棟	4.6	2.3
歩いていけるところ	10.5	11.2	15分未満	16.1	18.5
			15～30分未満	13.2	17.3
片道1時間未満	28.5	47.9	30～60分未満	11.0	18.0
片道3時間未満	11.1	14.3	1～3時間未満	14.8	18.9
片道3時間以上	16.3	16.9	3時間以上	15.2	16.4
計	100% (2,762)	100% (3,057)	計	100% (2,085)	100% (2,309)

（出所）「全国家族調査（NFRJ）」1998年と2008年。田渕 2011をもとに作成。（ ）内はケース数。

（雇用・所得保障が中高年には手厚く，若い成人には乏しい）が影響していると考えられる。そして将来もこの状態が続くならば，非正規雇用の未婚者が親と同居をつづけ，シングルのまま中年期を迎え，親の年金に依存しつつ親の介護をし，親の死後は低所得の単身世帯になり，公的な援助を必要とするといった事例が増加することが危惧されている（春日 2010）。

　既婚の成人子と親の同居　　次に既婚成人子の場合は，ひとくちに親といっても，夫方と妻方に分かれる。どちらの親との同居が多いだろうか。表7-3に示したように，同居は夫方親のほうが多いが，近居（1時間未満のところに住む）は，妻方親のほうが多くなっている。ただし遠居（1時間以上のところに住む）は，夫方と妻方であまり差がない。

　では，親と同居する既婚子はどのような特徴をもつか。これについては次のような説が検討されてきた。

　①子の経済力説：　子が低所得の場合は，経済力のある親に頼る必要があるため，夫方・妻方どちらの親とも同居しやすいという説である。この背景には，未婚子の場合と同様，雇用・所得保障が中高年には手厚く，若い成人子には乏しいという制度の影響がある。

　②きょうだい構成説：　夫方の親と同居しやすいのは，夫が長男か一人っ子

4　親－成人子関係はどう変化したか　● 181

（いわゆる跡継ぎ）の場合であり，逆に妻方の親と同居しやすいのは，夫が長男や一人っ子（跡継ぎ）でなく，妻が長女か一人っ子の場合だとする説である。この背景には，親と同居するのは第1に息子（特に長男）であり，息子がいない場合のみ娘と同居するという，父系優先の文化的規範の影響がある。

③居住地域説：　大都市でない地域に住んでいるほうが，親（特に夫方の親）と同居しやすいという説である。夫方の親と同居しやすいと予想される理由として，大都市でない地域では，父系優先の文化的規範が現在でも強く残っていることが考えられる（ちなみにこれは，先にみた未婚子と親との同居とは逆の傾向であり，未婚子の場合は，大都市のほうが親と同居しやすい）。

④妻の就業状態説：　妻が正規雇用だと，育児援助の必要から親（特に妻方の親）と同居しやすいという説である。妻方の親と同居しやすいと予想される理由としては，第1に妻にとって自分の親のほうが親密で育児援助を頼みやすいし，第2に妻に経済力があるので，自分の親と同居したいという妻の意向が夫婦間でより通りやすい（→表5-3，表6-1の相対的資源説）といったことが考えられる。

これらのうちどの説が実態に当てはまるだろうか。データでの分析によると，どの説もおおむね支持されている（大和 2011）。そして上の仮説で予想されたとおり，③居住地域説は夫方同居についてのみ当てはまり，一方④妻の就業状態説は妻方同居についてのみ当てはまるというように，夫方と妻方の違いがみられた。

以上から既婚子と親との同居について，次のようなことがわかった。第1に，夫方の親との同居が現在でも多い。この背景には，文化的規範（父系優先）と，男性稼ぎ主型の制度（つまり夫が稼ぎ主で経済力があるため，どちらの親と同居するかについて夫の交渉力が強いこと）の，両方の影響があると思われる。しかし第2に，次のような場合には，妻方の親との同居が増えることもわかった。まず，夫が低所得の場合は，夫方の親に限らず妻方の親との同居も増える。次に，妻が正規雇用の場合，夫方でなく，妻方親との同居が増える。

相　　続

相続は同居と関連が深い。なぜなら家や土地など不動産は同居している子に

182 ● CHAPTER 7　親-成人子関係のゆくえ

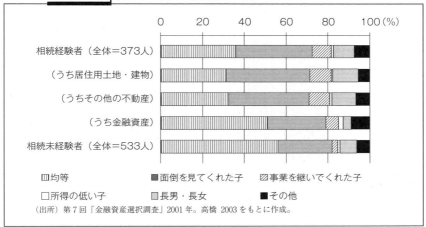

図7-5 遺産の分配方法の希望

（出所）第7回「金融資産選択調査」2001年。高橋 2003 をもとに作成。

優先的に相続されることが多いからである（野口・上村・鬼頭 1989）。そして相続においては，娘より息子を優先する傾向が続いている。たとえば20歳代後半〜40歳代の既婚女性を対象にした調査で，贈与・遺産（金融資産・不動産などすべて含む）の受け取り額の平均（受け取っていない人も含めて）をみると，妻の親からの贈与・遺産より，夫の親からのそれのほうがはるかに多い（浜田 2006）。また将来における遺産受け取りの期待についても，夫の親からの受け取りを期待する割合のほうが，妻（自分）の親からのそれを期待する割合よりはるかに大きい（坂本 2006）。この理由として，日本では遺言を残す慣習がまだ一般的ではないため，死後に相続人たちが話し合いで決めると，息子優先という文化的規範に従ってしまうといったことが考えられる。

ただし近年，贈る側である親世代の意識においては，図7-5に示したように「子どもたちに均等に」相続させたいという意識が高まっている。特に自分自身が親から相続（特に不動産の相続）を受けた経験がない人において，その傾向が強い（高橋 2003）。今後，遺言を残す，あるいは生前に贈与するといった慣習が広まったなら，子の間での均等な相続が実際に多く行われる可能性もある。

経済的援助と世話的援助

援助関係の分類　次に親-成人子の援助関係についてみていこう。図7-6

4　親-成人子関係はどう変化したか ● 183

に示したように親－成人子の援助関係は，さまざまに分類できる。まず第1次元として，援助の「内容」に注目するとA）経済的援助とB）世話的援助（家事・育児・介護など）に分けることができる。次に第2次元として，援助の「方向」に注目すると1）成人子から親への援助（世代をさかのぼる援助）と2）親から成人子への援助（世代を下る援助）に分けることができる。さらに第3次元として，夫と妻のどちらの親との関係かに注目すると，X）夫方の親との援助（息子－親）とY）妻方の親との援助（娘－親）に分けられる。

日本と東アジア諸国との国際比較　まず第1次元（内容）と第2次元（世代間の方向）に注目して，東アジアの他の社会との比較によって，日本における親－成人子の援助関係の特徴をとらえておこう。Column ⑧で詳しく示したように，日本は「パラサイト成人子タイプ」（成人子が親に依存）である。これに対して韓国は「相互依存タイプ」（成人子から親と，親から成人子の両方向ともに援助が多い）で，中国と台湾は「孝タイプ」（親が成人子に依存）である。つまり他の東アジア社会に比較して，日本では経済・世話の両面で，子が親に依存するという関係が，より強くみられる。このような日本の親子関係には，雇用・所得保障が中高年に手厚く，若い成人には乏しいという制度の影響が反映していると考えられる。

日本における息子－親関係と娘－親関係の比較　次に先に述べた親－成人子の援助関係の第3次元，つまりX）夫方の親とY）妻方の親の比較に注目しよう。現代日本において，夫方親との援助（息子－親）と，妻方親との援助（娘－親）はどちらが多いだろうか。戦前の家制度の下では，息子－親関係を優先することが期待された（たとえば子夫婦は夫の親と同居し，扶養・介護し，夫の親から遺産の相続を受けることが期待された）。しかし民法が改正され家制度が廃止された現在，このような夫方（父系）優先の関係に変化は生じているだろうか。

　多くの調査結果を検討すると全体的傾向として，家制度で期待されたような経済も世話もすべて「父系優先」といった関係は弱まり，それに代わって「性別分業型の双系」，つまり経済的援助は息子－親関係が中心で，世話的援助（家事・育児・介護など）は娘－親関係が中心という傾向がみられる。以下で具体的にみていこう。

　先に述べたように親－成人子の援助関係は，第1次元（内容）と第2次元

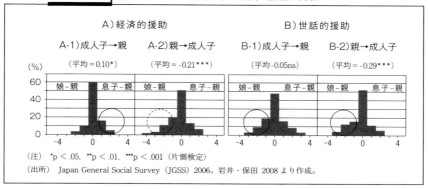

図7-6 息子-親間と娘-親間の援助の比較

(世代間の方向)に注目すると,

A) 経済的援助として,A-1)成人子→親,A-2)親→成人子,

B) 世話的援助として,B-1)成人子→親,B-2)親→成人子,

という4種類に分けることができる。これら4種類の援助のそれぞれについて,第3次元のX)息子-親か,Y)娘-親かという分類に注目して,このどちらが多いかを比較した結果が図7-6である。援助の頻度は「1=まったくない,2=ほとんどない,3=時々,4=頻繁,5=非常に頻繁」として測定した。図の横軸は,4種類の援助それぞれについて,「息子-親間の援助頻度」から「娘-親間のそれ」を引き算した結果であり,息子-親間と娘-親間の「バランス指標」と呼ぼう。このバランス指標はプラス4〜マイナス4の間の整数値をとる。0は両者が同じ頻度であることを示し,プラスの数値(0より右側)は息子-親間の援助のほうが多いことを,逆にマイナスの数値(0より左側)は娘-親間の援助のほうが多いことを示している。図の縦軸はバランス指標の分布を示している(つまりバランス指標がプラス4の人〜マイナス4の人それぞれの割合を示している)。

この図で結果をみると,4種類のうち3種類の援助については,「性別分業型の双系」というパターンがみられる。つまり,経済的援助については息子との援助のほうが多く(図のA-1で分布が右側つまり息子-親側に偏っていることに注目),世話的援助については娘との援助のほうが多い(図のB-1とB-2で分布が左側つまり娘-親側に偏っていることに注目)。(注釈:ただしB-1については補足説明が必要である。統計的な検定をすると,B-1については,娘→親と息子→親で大き

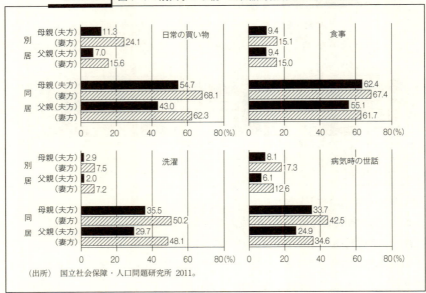

図7-7 成人子から親への世話的援助をした人の割合

(出所) 国立社会保障・人口問題研究所 2011。

な差はない。しかし別の調査（「全国家庭動向調査」）では図7-7に示したように，B-1に該当する買い物・食事の準備・洗濯・病気時の世話の援助において，娘→親のほうが息子→親より多く，「性別分業型の双系」の傾向がみられる。白波瀬 2005も参照）

一方，図7-6のなかで「性別分業型の双系」に唯一当てはまらないのは，A-2である。というのも「性別分業型の双系」では，経済的援助は息子への援助のほうが多いと期待されるにもかかわらず，図7-6の調査では娘への援助のほうが多いからである。こうした結果になった要因として，この調査では経済的援助として，小遣いなど金額の少ない援助も多く含まれているために，娘への援助が多くなったのだと考えられる。もし金額の大きな援助（たとえば相続や住宅資金の援助）に限定すると，息子への援助のほうが多いという「性別分業型の双系」がみられる。たとえば相続は金額の大きい経済的援助でもあるが，これについては先にみたように息子への相続のほうが娘への相続より多い。また平山（2009）によると，住宅購入のための費用を夫の親族から相続・贈与された人のほうが，妻の親族からのそれより多い。これらはともに，経済的援助は息子－親関係が中心という「性別分業型の双系」パターンである。

以上から現代日本の親－成人子関係のうち，経済的援助と世話的援助につい

ては全般的傾向として，「性別分業型の双系」がみられる。つまり経済的援助（特に金額の大きい援助）は息子－親間が中心であるのに対し，世話的援助は娘－親間を中心に交換されている。

　親－成人子間の援助が「性別分業型の双系」である要因として，男性稼ぎ主型制度（→第3章，第5章）の影響があると考えられる。この制度の影響のもと，家計を支えるのは夫の役割なので，経済的援助は夫とその親との関係が中心になり，一方，家族を世話するのは妻の役割なので，世話的援助は妻とその親との関係が中心になる。このような，経済は夫，世話は妻という分業の結果，経済も世話もすべて「父系優先」（息子－親関係優先）というかつての傾向は，経済的援助においては残っているが，世話的援助では衰退して娘－親関係がより中心的な位置を占めるようになったと考えられる（施 2008 も参照）。

親－成人子の援助関係における「3つの原則の並存」

　以上から現在の日本では，親－成人子の関係について「3つの原則の並存」がみられる。

　①系譜と経済的援助における息子中心（同居・相続など系譜との関連が強いものや，経済的援助のうち金額の大きいものについては，息子との関係が中心となる），

　②世話的援助における娘中心（家事・育児・介護などの世話的援助は，娘との関係が中心となる），

　③子に対する経済的平等主義（相続についての意識や，親から子への少額の経済的援助においては，子を平等に扱う）。

　①～③をまとめると，現在の親－成人子関係は，「性別分業のない双系」ではなく，「性別分業型の双系」（息子－親関係と娘－親関係の両方を重視するが，系譜との関連が強い同居・相続や経済面では前者をより中心的に扱い，一方，家事・育児・介護といった世話面では後者をより中心的に扱う）であるといえる。

　しかも3つの原則はそれぞれが現行の諸制度に支えられている。まず①系譜と経済的援助における息子中心という原則を支えるのは，父系の文化的規範に加えて，高度経済成長期以降に強化された男性稼ぎ主型の雇用・社会保障制度や，強制的夫婦同氏（同姓）（2005 年で96.3％の夫婦は夫の氏〔姓〕を名乗っている〔利谷 2010；厚生労働省 2007〕）を規定した現行家族法である。これらに支えら

Column ⑦ 高齢者と子の同居・別居についての国際比較

　　高齢者と子の同居・別居の状況を，東アジアやヨーロッパで比較しよう。東アジアにおいては図 7-8 に示したように 2000 年の時点で，子と同居している高齢者のほうが多数派である。これとは対照的にヨーロッパにおいては図 7-9 に示したように 2001 年時点で，子と別居している高齢者（単身か夫婦のみ）のほうが多数派である。つまり高齢者と子の同居は，東アジアで多く，ヨーロッパで少ない。この背景として，同居を望ましいとする文化的規範（儒教の「孝」など）は東アジアでより強いこと，また高齢者と成人子がそれぞれ自立して暮らすことを支援する公的制度（たとえば高齢者に対する年金・介護や，若者に対する職業訓練・住宅供給・育児支援など）はヨーロッパでより発達していることなどが考えられる。

　　またヨーロッパ内，東アジア内でもそれぞれ違いがある。ヨーロッパ内では図 7-9 のように，子と別居（単身か夫婦のみ）の高齢者は，北欧のスウェーデンでもっとも多く，南欧のイタリアでもっとも少なく，中部西ヨーロッパのドイツではその中間である。

　　東アジア内では図 7-8 のように 2000 年時点で，中国や台湾では同居が多く，日本や韓国では少ない。特に韓国は急速かつ一貫した変化がみられ，1980 年の時点では同居が多い社会だったが，2000 年時点では少ない社会になった。

　　こうした国による違いを生んでいる背景として，高齢者と成人子がそれぞれ自立して暮らすことを支援する公的制度の発達の度合いが違うこと（→第 3 章の福祉レジーム）や，産業構造・産業政策によって成人子の雇用機会が，地方に分散しているか（子は親元から通勤できるので，親と同居しやすい），中央に集中しているか（子は仕事のために親元を離れる必要があるので，同居しにくい）といったことが関係していると考えられる。

れ，息子は「稼ぎ主＝世帯主＝親の姓・系譜を継ぐ者」とみなされるが，娘は「稼ぎ主でない＝世帯主でない＝親の姓・系譜を継ぐ者ではない」とみなされる。

　　次に②世話的援助における娘中心という原則を支えるのは，世話を女性の役割と想定する男性稼ぎ主型の諸制度である。

　　最後に③子に対する経済的平等主義を支えるのは，両性の本質的平等や子ども間の均分相続を規定した現行憲法・家族法である。

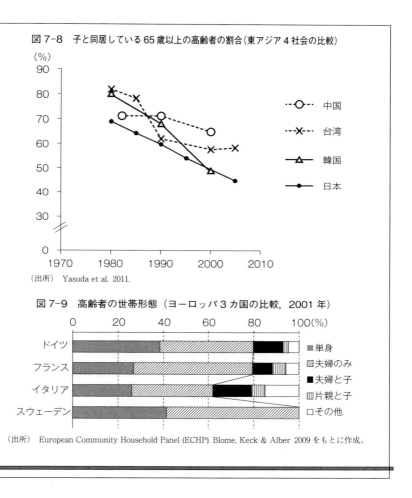

図7-8 子と同居している65歳以上の高齢者の割合(東アジア4社会の比較)
(出所) Yasuda et al. 2011.

図7-9 高齢者の世帯形態（ヨーロッパ3カ国の比較，2001年）
(出所) European Community Household Panel (ECHP). Blome, Keck & Alber 2009 をもとに作成。

　つまり「性別分業型の双系」という現在の親-成人子関係は，単に文化や慣習として存在しているだけでなく，現行の法律や制度によって支えられて存在しているのである。

　しかし「3つの原則の並存」によって，親-成人子間で援助が必要なときに，どの原則を優先するか事前に予測しにくく，誰がどう援助するかをそのつど交渉で決めなければならない状況が広まっている。たとえば親が単身になったり体が不自由になり，親との同居が必要になった場合，系譜を重視して息子家族

4　親-成人子関係はどう変化したか　● 189

Column ⑧ 親 – 成人子の援助関係についての東アジアでの国際比較

　日本における親 – 成人子の援助関係の特徴は何かについて，東アジアにおける比較によってみていこう。親 – 成人子の援助関係は，援助の方向として A）成人子から親への援助（世代をさかのぼる援助）と B）親から成人子への援助（世代を下る援助）に分けることができ，援助の内容として 1）「経済面」と 2）「世話面（家事・育児・介護など）」に分けることができる。つまり合計 4 種類の援助に分けることができる。

　図 7-10 は 4 種類の援助について，東アジア 4 社会（日本，韓国，中国，台湾）での調査結果を示したものである。4 種類の援助のうち 4 社会での違いが大きい 3 種類の援助（A-1，A-2，B-1）に注目すると，下の表 7-4 のように援助タイプを 3 つに分類することができる。

　まず①パラサイト成人子タイプにもっとも近いのは日本で，A）成人子から親への援助は経済・世話の両面で 4 社会中でもっとも少ないが，逆に B）親から成人子への援助（特に経済面）は韓国に次いで多い。②孝タイプにもっとも近いのは中国と台湾である。A）成人子から親への援助（経済・世話の両面）は 4 社会のなかで多いほうに属するが，B）親から成人子への援助（特に経済面）は 4 社会のなかで少ないほうに属する。③相互依存タイプにもっとも近いのは韓国である。A）成人子から親への援助（経済・世話の両面）も，B）親から成人子への援助（経済・世話の両面）も，4 社会のなかで 1 〜 2 番目に多い。

と同居する可能性もあれば，世話的援助のために娘家族と同居する可能性もある。また相続についても，系譜を重視し息子を優先する，娘による世話（介護）の見返りとして娘を優先する，あるいは平等主義によりすべての子が均等に相続する，といった可能性が並存する。これらのなかからどれを選ぶかについて当事者間の交渉で決めることになるが，交渉がうまくまとまらなければ援助が適切に行われない，あるいは家族関係に軋轢が生じるといったことが起こりうる（春日 2010）。実際に近年，相続をめぐる家事紛争が増加している（利谷 2010）。

　したがって親 – 成人子関係について，3 つの原則の並存に代わる，あるいは

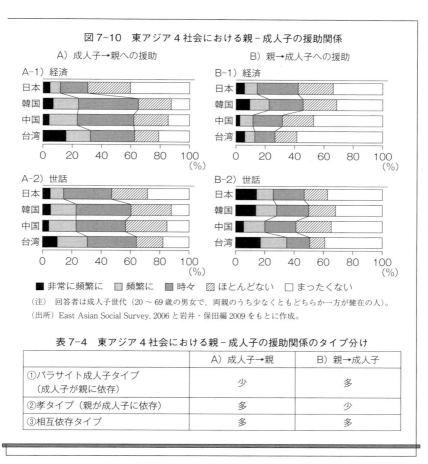

3つの原則を調整する，新しいルールが求められている。

5 少子高齢化・経済のグローバル化の影響

さらに近年，(A) 少子高齢化と (B) 経済のグローバル化により，(Ⅰ) 家族による私的援助の必要性が高まるにもかかわらず，(Ⅱ) 従来型の性別分業型の家族資源は減少するというジレンマが生じている。図7-11 によって示そう。

まず (Ⅰ) 家族による私的援助の必要性が高まっている。その背景には，

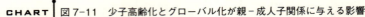
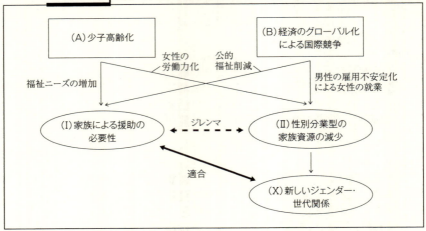

図 7-11　少子高齢化とグローバル化が親−成人子関係に与える影響

(A) 少子高齢化によって高齢者を中心とした福祉ニーズは増加するにもかかわらず，(B) 経済のグローバル化による国際競争に対応するために企業による税や社会保障の負担は抑えられ，公的福祉の削減が進むことがある。そのために家族の私的援助が重要になる。

しかし他方で，男性が扶養し女性がケアするという (Ⅱ) 性別分業型の家族資源は減少する。その背景にはやはり (A) 少子高齢化と (B) 経済のグローバル化による国際競争がある。つまり (A) 少子高齢化によって社会全体として働き手・社会保障の担い手が不足し，女性の就業が求められているのに加えて，(B) 経済のグローバル化による国際競争によって男性の雇用が不安定化し，個々の家庭においても女性の就業の必要性が高まっている。

つまり，(A) 少子高齢化と (B) 経済のグローバル化により，(Ⅰ) 家族による私的援助の必要性が高まるにもかかわらず，(Ⅱ) 性別分業型の家族資源は減少するというジレンマが生じている。これを解消するためには，(X) 新しいジェンダー・世代関係とそれを支える制度をつくり上げていく必要があるが，それは性別分業型の双系（男性稼ぎ主型）という世代関係に変化を迫ることになるだろう。実際に本章でみたように，妻が正規雇用の共働き世帯では，父系優先の文化的規範や性別分業型の双系（男性稼ぎ主型）とは異なる，新しい世代関係がみられる。

EXERCISE ●課題

① 現代社会において，どのような場合に「親から自立した」といえるか。就職だろうか，親と別に暮らすことだろうか，それとも結婚だろうか。「親からの自立の条件」について話し合ってみよう。

② 若者は，夫方の親と妻方の親との関係をどう考えているか。これについて春日（2010）の調査を参考に，クラス・ゼミ・サークルなどの友人を対象に次のようなアンケート調査をし，男女別に集計して，その結果を話し合ってみよう。

「あなたが結婚して，暮らしのなかで次のＡ～Ｃのような支援が必要になったとき，自分の親と配偶者の親のどちらを選ぶと思いますか。また，なぜその親を選ぶと思いますか。

A）育児援助の依頼　　1.自分の親　2.配偶者の親

なぜその親を選ぶか〔具体的に　　　　　　　　　　　　〕

B）経済的援助の依頼　　1.自分の親　2.配偶者の親

なぜその親を選ぶか〔具体的に　　　　　　　　　　　　〕

C）双方の親が同時に要介護になった場合の介護　　1.自分の親　2.配偶者の親

なぜその親を選ぶか〔具体的に　　　　　　　　　　　　〕」

引用文献　　　　　　　　　　　　　　　　　　　　Reference ●

Bengtson, V. L., 2001, "Beyond the Nuclear Family: The Increasing Importance of Multigenerational Bonds," *Journal of Marriage and Family*, 63 (1)

Blome, A., W. Keck & J. Alber [translated by John Beudix], 2009, *Family and the Welfare State in Europe: Intergenerational Relations in Ageing Societies*, Edward Elgar

エスピン-アンデルセン，G., 2000『ポスト工業経済の社会的基礎——市場・福祉国家・家族の政治経済学』（渡辺雅男・渡辺景子訳）桜井書店（原著1999）

エスピン-アンデルセン，G., 2001『福祉資本主義の三つの世界——比較福祉国家の理論と動態』（岡沢憲芙・宮本太郎監訳）ミネルヴァ書房（原著1990）

玄田有史，2001『仕事のなかの曖昧な不安——揺れる若年の現在』中央公論新社

浜田浩児，2006「贈与・遺産格差の計測——所得格差と比較した動向」『季刊

家計経済研究』72

平山洋介，2009『住宅政策のどこが問題か──〈持家社会〉の次を展望する』光文社

岩井紀子・保田時男，2008「世代間援助における夫側と妻側のバランスについての分析──世代間関係の双系化論に対する実証的アプローチ」『家族社会学研究』20（2）

岩井紀子・保田時男編，2009『データで見る東アジアの家族観──東アジア社会調査による日韓中台の比較』ナカニシヤ出版

春日キスヨ，2010『変わる家族と介護』講談社

国立社会保障・人口問題研究所，2011「第4回全国家庭動向調査（2008年）」

厚生労働省，2007「平成18年度『婚姻に関する統計』の概況」（http://www.mhlw.go.jp/toukei/saikin/hw/jinkou/tokusyu/konin06/index.html/）

Litwak, E., 1960, "Geographic Mobility and Extended Family Cohesion," *American Sociological Review*, 25（3）

宮本みち子，1995「『脱青年期』の出現にみる少子社会の親子のゆくえ」『季刊家計経済研究』27

宮本太郎，2008『福祉政治──日本の生活保障とデモクラシー』有斐閣

永瀬伸子，2002「若年層の雇用の非正規化と結婚行動」『人口問題研究』58（2）

野口悠紀雄・上村協子・鬼頭由美子，1989「相続による世代間資産移転の構造──首都圏における実態調査結果」『季刊社会保障研究』25（2）

落合恵美子，2004『21世紀家族へ──家族の戦後体制の見かた・超えかた〔第3版〕』有斐閣

大沢真理，2007『現代日本の生活保障システム──座標とゆくえ』岩波書店

Palmore, E. B. & D. Maeda, 1985, *The Honorable Elders Revisited: A Revised Cross-Cultural Analysis of Aging in Japan*, Duke University Press

Parsons, T., 1949, "The Social Structure of the Family," R. N. Anshen ed., *The Family: Its Function and Destiny*, Harper and Brothers

坂本和靖，2006「親との同居選択の要因とその効果──Propensity Score Matchingによる分析：既婚者の場合」『季刊 家計経済研究』72

施利平，2008「戦後日本の親子・親族関係の持続と変化──全国家族調査（NFRJ-S01）を用いた計量分析による双系化説の検討」『家族社会学研究』20（2）

白波瀬佐和子，2005「少子高齢社会の世代間支援」『少子高齢社会のみえない格差──ジェンダー・世代・階層のゆくえ』東京大学出版会

田渕六郎，2011「世代間居住関係の変容と規定要因」田渕六郎・嶋崎尚子編『第3回家族についての全国調査（NFRJ08）第2次報告書 第2巻：世代間関係の動態』

田渕六郎・中里秀樹，2004「老親と成人子との居住関係——同居・隣居・近居・遠居をめぐって」渡辺秀樹・稲葉昭英・嶋﨑尚子編『現代家族の構造と変容——全国家族調査（NFRJ98）による計量分析』東京大学出版会

高橋朋一，2003「遺産動機と相続経験——家計における金融資産選択に関する調査結果の分析より」『郵政研究所月報』174

太郎丸博，2009『若年非正規雇用の社会学——階層・ジェンダー・グローバル化』大阪大学出版会

利谷信義，2010『家族の法〔第3版〕』有斐閣

Walker, A., 1993, "Intergenerational Relations and Welfare Restructuring: The Social Construction of an Intergenerational Problem," V. L. Bengston & W. A. Achenbaum eds., *The Changing Contract across Generations*, Aldine de Gruyter

Walker, A., 1996, "Introduction: The New Generational Contract," A. Walker ed., *The New Generational Contract*, UCL Press

山田昌弘，1999『パラサイト・シングルの時代』筑摩書房

大和礼子，2008『生涯ケアラーの誕生——再構築された世代関係／再構築されないジェンダー関係』学文社

大和礼子，2010「"日常的援助における性別分業にもとづく双系"と"系譜における父系"の並存——現代日本における高齢者‐成人子関係についての文献レビューから」『関西大学社会学部紀要』42（1）

大和礼子，2011「父との同居と母との同居——規定要因はどう異なるか？」田渕六郎・嶋崎尚子編『第3回家族についての全国調査（NFRJ08）第2次報告書 第2巻：世代間関係の動態』

Yasuda, T., Iwai, N., Yi, C. & G. Xie, 2011, "Intergenerational Coresidence in China, Japan, South Korea and Taiwan: Comparative Analyses Based on the East Asian Social Survey 2006," *Journal of Comparative Family Studies*, 42（5）

CHAPTER

第 8 章

個人・家族・親密性のゆくえ

KEYWORD

親密性　グローバル化　公的領域－私的領域　公共圏－親密圏　個人化　国際結婚
多文化家族　LGBT　セクシュアル・マイノリティ　同性愛－異性愛　承認　社会的
包摂

QUESTION

家族や親密な関係は多様化している。このような多様なあり方を国家や社会が差別せ
ずに認め，支援するために必要なことは何なのか？

1 はじめに

⫸ 新たな家族像の模索

　本章では家族のあり方をみなさん 1 人ひとりが考えるための手がかりとなる
ように，個人や家族を社会制度によってどのように支えていったらよいのか，
を展望する。まず，「**親密性**」や「**親密圏**」に関する最近の研究動向を紹介・
検討した後，**グローバル化**によって増加している国際結婚と，日本では「セク
シュアル・マイノリティ（sexual minority）／性的マイノリティ／性的少数者」
と呼ばれる人々（欧米では LGBT と称されることが多い）の動きを順に取り上げ
る。

　第 2 節では「親密性」や「親密圏」といった概念が日本社会の家族を考える
にあたってどの程度有効であるのか，について先行研究をもとに検討する。本
書では図 1-5 で示した「**公的領域－私的領域**」という区分に基づく近代社会の
編成原理に着目して現代家族のありようを多面的に読み解いてきたが，それは
どの程度有効だったのだろうか。

　第 3 節では日本の国際結婚の動向を確認した後，近年，結婚移民が増加して
いる韓国で 2008 年に制定・施行され，2011 年に改正された「多文化家族支援
法」を紹介する。日本は近代化の過程で，アイヌ民族や琉球民族（沖縄の人々）
などの日本人以外の民族を「日本人」として日本人主体の国民国家体制に強制

198 ● CHAPTER 8 個人・家族・親密性のゆくえ

的に組み込んだ。同時に，朝鮮半島や台湾を植民地化することによってそこで暮らす人々の民族言語や民族文化を剥奪し，生活のあらゆる面での「日本人化」を推し進めた。この過程では各民族に固有の言語や文化，歴史といった独自性は無視されたわけだが，1980年代後半になっても「単一民族神話（日本には日本人以外の民族はいない）」というフィクションが政治家によって公言される事態が繰り返されてきた。こうした土壌がある日本では，少子高齢化による労働力不足への対応策の1つとして検討されている移民の受け入れにあたって，日本語や日本で生活するために必要な知識の習得の支援などと並行して，民族や宗教，言語，国によって異なるそれぞれの集団の独自性や多様性を尊重するための政策も重要である。

また，近代社会では原則として，異性愛に基づく結婚や，結婚や血縁に基づく家族関係のみが国家による公的承認を受け，社会保障制度の対象とされてきた。しかし，欧米では1970年代以降，同性愛者が同性愛者同士の結婚または結婚に準じた処遇を求める社会運動を積極的に展開し，すでにいくつかの国や地域では同性婚が認められている。第4節ではこうした「セクシュアル・マイノリティ」と日本で称される人々の動きを紹介する。

第5節では，これまでの日本社会のなかで暗黙のうちに前提とされてきた家族のあり方，すなわち「日本人同士の異性愛に基づく性別役割分業型の家族」だけではなく，実際には多様な家族が存在していること，また，今後もますます多様化する可能性が高いことを見据え，多様な家族や多様な親密関係をもつ1人ひとりを社会のなかで公平に包摂するために何を考えたらよいか，についていくつかの選択肢を示す。

 公共圏と親密圏

「親密性」と「親密性の変容」

第1章で述べたように，近代になるとモノの生産を担う「公的領域」とヒトの生産（いわゆる「再生産」）を担う「私的領域」が（実際には相互補完関係にある

にもかかわらず）一見したところ分離し，私的領域に家事や育児，介護といったケア労働や感情労働（→第5章 Columm ④）が割り当てられるようになり，公的領域には男性が，私的領域には女性が責任をもつ性別役割分業が一般化した（図1-5参照）。

こうした「公的領域 − 私的領域」の区分に加えて，1990年代以降，欧米を中心に「公共圏 − 親密圏」という概念が広く用いられるようになっている。「公共圏 − 親密圏」という対概念は，1970年代以降の先進国における構造変動をどのようにとらえればよいのか——「ポストモダン（脱近代）」なのか，それとも「第二の近代」（ベックほか編 2011）あるいは「後期近代」なのか（ギデンズ 1993〔1990〕）——をめぐる議論のなかで提示された。つまり，この対概念は，もともとは1970年代からの西・北ヨーロッパやアメリカにおける社会構造の変化をいかに説明できるのか，をめぐる議論の過程で登場した。したがって，この対概念が日本の家族を理解するにあたっても有効なのか，については検討する必要がある。

研究領域や研究者などによって「公共圏 − 親密圏」の定義や論点は多岐にわたるが，ここでは現代家族のありようを検討するにあたって必要な範囲に絞り，まず，「親密圏」に焦点をあてながらこの対概念の基本的な特徴を確認しよう。この作業のなかで重要な位置を占めるのは「親密性（intimacy）」および「親密性の変容（transformation of intimacy）」という2つの概念である。次に，これらの概念の日本での有効性を検討する。

1970年代以降，西・北ヨーロッパやアメリカでは同棲や婚外出生，離婚が増加する一方，オイルショック，工業からサービス業への産業構造の転換，長引く経済不況などにより，仕事を継続する女性が増加した。こうした家族形成に関わる変化とジェンダー不平等の是正が相互に関連し合いながら同時に進行していったが，それとともに結婚や家族に寄せる人々の期待や規範，特に性愛に基づく関係性に対する期待や規範が大きく変化した。イギリスの社会学者ギデンズはこうした変化を「親密性の変容」としてとらえた（ギデンズ 1995〔1992〕）。

ギデンズ自身は親密性を明確に定義していないが，「純粋な関係性（pure relationships）」を「性的・感情的な平等性に基づく関係性」と定義し（ギデン

ズ 1995〔1992〕),人々が「純粋な関係性」を重視するようになり,かつ,こうした関係性を望ましいと考えるようになっている点に注目していることから(→第4章),性的関係を伴いつつ,愛情を中心とした感情を頻繁にやり取りすることを「親密性」ととらえ,こうした意味での親密性がよりいっそう重視されるようになった変化を「親密性の変容」と名づけていると解釈できるだろう。ギデンズの議論の大きな特徴は,これらの概念を男女間の異性愛に限定せず,同性間の関係性にも適用している点である。こうした親密性に基づく関係が営まれる空間が「親密圏」となる。

「近代家族」は,①かたちとしての「核家族」,②家族のなかで情緒的に親密性が高まること,③夫婦による性別役割分業によって特徴づけられる(→第2章)。また,第4章で取り上げられている「ロマンティック・ラブ・イデオロギー」は,性と生殖の関係を婚姻関係という枠のなかに囲い込むうえで重要な役割を果たしてきた(図6-1参照)。

「近代家族」のこのような特徴と比較すると,1970年代以降の欧米で生じている家族形成に関する一連の変化は,②の情緒的な親密性がいっそう重視されることによって,婚姻制度を前提とした①の形態としての「核家族」や,③の経済的資源とケア資源の交換といった性別役割分業に基づくカップルの結びつきが弱体化している過程と整理できるだろう。また,生殖技術のさらなる発達も,こうした変化を後押ししている面がある。ギデンズは,こうした「親密性の変容」をもたらした要因の1つとして,仕事を継続する女性の増加などによって女性の経済力が増し,カップル間の権力関係が平等な方向に向かったことを挙げている。

日本社会における「親密性」概念

これに対して,本書で明らかにしてきたように,日本社会には性別役割分業が根強く残っており,欧米の「親密性の変容」を下支えしたジェンダー平等の実現にはほど遠い状況がある。

この点に関わって,欧米と日本では「親密性」の定義や特徴が異なるという興味深い指摘がなされている(野口 2013)。野口はまず,家族には「親密性」と「共同性」が深く埋め込まれており,家族は親密性を担保にして共同性を実

現する制度であるという見解を示す（筆者注：これはまさに「近代家族」である）。そのうえで，ギデンズやそれ以降の欧米における親密性をめぐる議論では，親密性とはあくまでも性的関係をともなうものであり，かつ，それが望ましい関係性であるという規範的な意味合いを帯びているのに対し，日本では親密性が性的関係との強い結びつきを必ずしももたず，性的関係をともなわない親子関係やきょうだい関係を含むものとして概念化されており，一定程度の共同性を必然的にともなうものとしてイメージされていると整理する。

　日本における「親密性」概念について，具体的にみていこう。日本で親密圏や親密性に関する議論のなかで必ずと言ってよいほど頻繁に参照されるのが，政治理論・政治思想史を専門とする齋藤による『親密圏のポリティクス』である（齋藤 2003）。齋藤は親密圏を「具体的な他者の生／生命——とくにその不安や困難——に対する関心／配慮を媒体とする，ある程度持続的な関係性を指すもの」としてとらえる（齋藤 2003）。

　野口によると，齋藤の親密圏の議論には2つの特徴がある。1つは親密圏が「正常・正当なものとして社会的に承認されていない生のあり方や生の経験が肯定されうる余地をつくりだす」，言い換えると「『異常』，『異端』とされる価値が生き延びることのできる空間」である可能性に期待を寄せている点である。もう1つは，親密圏をもたない人々（ホームレスなどの孤立した人々）の増加，および監視社会の進展によるプライバシーの剥奪という2つの側面からなる「親密圏の喪失」に対する危機意識にも基づいて議論を展開している点である。これら2つの特徴は「親密圏のもつ保護的機能とその弱体化としてまとめることができる」（野口 2013）。

　齋藤自身は親密圏が家族に限定されるものではないとも述べている。しかし，「性関係」よりも「共同性」を重視する点で，ギデンズ以降の親密性や親密圏をめぐる欧米の議論との違いは明白であり，また，本書の第4章で説明されているように同棲や婚外出生の割合が低く，依然として結婚と出産がセットで考えられている日本の現状を併せて考えるならば（「妊娠先行型結婚」の増加はそれを裏づけている），日本では親密圏は実質的には家族に対応していると考えられる。

　こうした日本と欧米の間にある「親密性」概念や「親密圏」概念の違いは，

東アジアの家族の変化を「個人主義なき個人化」ととらえるべきであるという
張の見解とも整合的である（張 2013）。韓国と日本ではともに未婚化，晩婚化，
離婚の増加，出生率の低下，子どもをもたない人々の増加といった欧米と同様
の変化が生じていることから（しかも欧米よりもずっと早いスピードで進行してい
る），統計データ上は欧米と同じく「個人化」しているようにみえる。しかし，
これらを欧米型の「親密性の変容」ととらえることはできず，「脱家族化」と
「リスク回避的個人化」とみなすべきであると張は指摘する（張 2013）。ここで
は，脱家族化とは家族生活の有効範囲や期間を意図的にコントロールすること
によって，社会を再生産するために家族にかかる負担を減らそうとする人々の
社会的傾向と定義され，リスク回避的個人化とはひとりで生きる期間を延長す
るまたはそれに戻ることによって，近代生活における家族関連リスクを最小化
しようとする諸個人の社会的傾向と定義されている。つまり，「人口統計上の
個人化」「脱家族化」「リスク回避的個人化」は確かに進んでいるが，欧米のよ
うに何らかの「積極的な個人主義」が文化として確立されているわけではない
のである。

　張が主に韓国のデータをもとにこうした分析を行っているのに対し，落合は
張の議論を下敷きにしつつ，主に日本のデータを用いて「愛情以上に義務と責
任の制度としての婚姻は，東アジアではいまだ不動である。それゆえにこそ，
家族関係はアジア経済危機において社会資源からリスクへと変貌し，家族とい
う負担から逃れるリスク回避的な個人化が起こった」という見解を示している
（落合 2013）。つまり，欧米と日本・韓国では「個人化」の内実が異なるのであ
る。

「親密圏」の2つのタイプ——欧米型と日本・韓国型

　以上の議論は表 8-1 のように整理できるだろう。

　まず，「親密圏」概念に占める性関係の大きさについての違いである。性関
係が中心的な位置を占める欧米における親密圏内の関係性は「自分が選択し
た」ものであり，その関係を継続するなかでケアや経済的援助などの福祉の提
供が必要となった場合には，自らの意志として提供する。また，国家は近代以
降，承認・保護の対象としてきた「近代家族」，すなわち「（国民同士の）一対

CHART 表8-1 欧米と日本・韓国の「親密圏」概念の相違

	欧　米	日本・韓国
1)「親密圏」概念に占める性関係の位置づけ	中心的な位置を占める	相対的に小さい（親やきょうだいの存在が欧米より大きい）
2) 親密圏における関係性の選択度	「自らが選択した」という選択的な関係性	「運命」として与えられた関係性
3)「共同性」（福祉提供の負担）の選択度	2) の特徴に基づき，福祉提供の負担も「選択的」	2) の特徴に基づき，福祉提供の負担も「運命的」
4) 国家と「親密圏」の関係	個人が選択してつくる親密な関係を国家が承認・保護。 ＊ただし，福祉レジーム類型／生活保障システムの違いによって承認・保護の度合いは異なる。	親密圏には国家の福祉提供機能を肩代わりすることが期待される一方，個人が選択した親密性を国家が承認・保護する意味合いは弱い。
5) 上記の 1) 〜 4) が家族のあり方に及ぼす影響	→①国家が国際結婚や移民同士の結婚，LGBT も承認。 →②こうした結婚やカップルに対しても，以前から承認・保護してきた「家族」あるいは「家族的なる関係性」と同等の福祉サービスを国家が提供する。 ＊ただし，福祉レジーム類型／生活保障システムの違いによってその影響の度合いは異なる。	→①国際結婚や LGBT を承認・保護する度合いが弱い。 →②（家族の負担が大きいため）与えられた家族リスクから逃避する人が多くなる。

一の異性愛の性関係に基づく性別役割分業型の家族」とは異なる「家族」的な関係性に対しても，新たに承認・保護をするように変化している。

　これに対して，日本や韓国では，欧米と比べて「親密圏」概念のなかで親やきょうだいが占める位置は相対的に大きく，性関係が占める位置は小さい。こうした違いを反映して，親密圏における関係性は「自分で選択した」ものというよりも，「運命」として与えられたものとなる。したがって，親密圏に含まれるメンバーが援助を必要とするようになったときに行う福祉の提供も，自分の選択というよりは義務的なものになる。「共同性」に対する欧米と日本・韓国との違いは，第3章で説明した福祉レジーム類型／生活保障システムの違いとも対応するとともに，こうした制度の違いが親密圏のあり方の違いに影響を及ぼしている面もあると考えられる。

　欧米と日本・韓国における親密圏概念の違いは，国際結婚，欧米で近年急速

に増えている移民同士の結婚，LGBT（→本章第4節）の人々の存在を国家が承認するとともに，こうした人々に対しても必要な福祉サービスを提供する方向に進んでいる欧米と，そうした人々の存在の承認がなかなか進まない一方で，家族に課せられている「共同性」の重い負担に耐え切れない人々が増加している日本や韓国との違いを反映しているようにも思われる。

　ただし，日韓の間にもさまざまな違いが存在する点に注意が必要である。たとえば，韓国の「圧縮された近代」（→第2章 Column ①）に対し，日本の「半圧縮化近代」といった，近代化の早さの違いが家族に異なる影響を及ぼしていると考えられる（落合 2013）。また，次節で述べるように，国際結婚が急増する韓国では，2000年代後半から国際結婚によって形成された家族に対する支援が急速に進められているなどの変化もみられる。

　本節で検討してきた最近の研究成果に基づくと，日本の家族のありようをとらえるにあたっては，依然として「公的領域−私的領域」といった区分が有効と考えられる。他方で，「親密圏」概念は，家族や親族がこれまで果たしてきた機能や役割を再考するうえで重要な問題を提起している。親密圏は①性関係中心の関係性（欧米型），②共同性に依拠したケア中心の関係性（日本・韓国型）という異なる関係性の両方を含んでいるが，いずれも「再生産」機能を維持するにあたって必要な関係性である。「個人主義なき個人化」が起きている日本で，近代的な「家族」関係ではない「家族」的関係をつくっていくとき，わたしたちはどのような親密圏を「家族」と呼ぶことにするのか，あるいは「家族」ということばを手放すのだろうか。

グローバル化と多民族・多国籍化する家族

日本における国際結婚の増加

　図 8-1 に示されているように，**国際結婚**の割合は 1965 年にはわずか 0.4％にすぎなかった。しかし，1981 年に 1％に達した後の変化は速く，6年後の 1987 年に 2％を突破し，その 2年後の 1989 年には 3％を突破した。バブル経済の崩

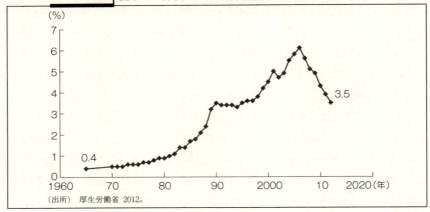

CHART 図8-1　日本における国際結婚の割合の推移（1965-2012年）

（出所）厚生労働省 2012。

壊とともにそのスピードは落ち，10年後の1999年に4%を超えた後は2006年の6.1%をピークとして減少に向かい（2008年のリーマンショックの影響が大きい），2012年には1990年代半ば頃と同水準の3.5%となっている。

1980年代以降に国際結婚が増加した大きなきっかけは，農村男性の結婚難を解消するために，地方自治体が政府主導のお見合い計画を立て，フィリピンやスリランカ，他のアジア諸国の女性との結婚を奨励したお見合い結婚である（落合 2013）。1990年代以降は，民間の紹介会社が農村男性との結婚を希望する外国人女性を取りもつようになり，現在では農村男性のグループが女性の住む国に出向いて結婚相手を探す方法が一般的である。

その背景には，日本が経済的に豊かになり，性別役割分業型の家族が増えるなか，農家に嫁ぐと，収入がサラリーマン世帯より不安定であり，農作業や夫の親との同居，密接な近隣づきあいが期待されるといった生活が日本人の女性から敬遠されるようになったことがある。農村では未婚のまま年をとり，高齢の両親を抱える男性が増え，こうした現象が社会問題として認識されるようになった。日本人の女性と結婚することが難しくなるなか，日本よりも経済水準が低いアジアの国々の女性たちが結婚相手のターゲットとなったのである。嫁いでくる外国人女性たちは経済的に恵まれない地域や家庭の出身者が多く，女性からみれば先進国の男性との結婚は経済面で魅力的に映った。実際，結婚後に母国にいる家族や親せきに仕送りをする外国人女性は少なくない。

しかし，日本語ができないまま外国から嫁いできた女性たちは，夫や夫の家

族などと日本語によるコミュニケーションがとれず，また，母国との生活習慣の違いや閉鎖的な地域社会などの壁にぶつかって孤立しがちであるため，最終的には離婚に至るケースも少なくない。夫や夫の両親が外国人妻の存在そのものを隠そうとしたり，日本語教室に通うことを認めない場合もある。また，ドメスティック・バイオレンス（家庭内暴力）を受ける女性の問題も深刻である。こうした問題が生み出される構造的な要因としては，アジアからの外国人女性が家事労働や介護の担い手となることを期待されて家族に迎えられていることが指摘されている（落合 2012）。

韓国の「多文化家族支援法」

こうした国境を越えた結婚移民は，韓国でも急増している。韓国では 1990 年代初めに「産業研修制度」が導入されたことをきっかけとして外国人労働者が急増したが，2000 年代になると，国際結婚による女性の移民が急増した。1990 年には 1.2％にすぎなかった国際結婚の割合は，2005 年には 13.6％まで増加し，8 組に 1 組が国際結婚となった（櫻井 2011）。櫻井によると，このうち韓国人男性と外国人女性の結婚が 83.7％と大半を占め，特に農村地域では 3 組に 1 組が韓国人男性と外国人女性との結婚である。

国際結婚の急増とともに，人身売買まがいの悪質な結婚仲介業者の問題，家父長的な夫婦関係や家族関係のなかで妻・嫁である外国人女性への虐待や文化摩擦，韓国語によるコミュニケーションがとれない問題，子どもの教育問題などが顕在化した。こうした問題の解決をめざして 2008 年に制定されたのが「多文化家族支援法」である（櫻井 2011；朴・坪田 2011）。この法律が制定された重要なきっかけは，2000 年代後半になって国際結婚によって生まれた子どもたちの多くが学齢に達したことにより，こうした子どもたちの教育が重要な政策課題として認識されるようになったことである。

この法律が制定された当時に「**多文化家族**」として想定されていたのは，出生時に韓国国籍を取得している者（＝認知や帰化による国籍取得者は除く）と外国籍者との結婚だけだったが，2011 年の改正で「認知または帰化による韓国人と外国人，または帰化者」で構成された家族にも対象を拡大したことにより，韓国国籍を後天的に取得した外国人労働者の家族や脱北者の家族も支援を受け

られるようになった。つまり，将来的に韓国国籍を取得する見込みの者（典型的には韓国国籍の男性と結婚した外国籍の女性）や韓国国籍の子どもを出産し養育していく家族のみを対象とした限定的な支援から，韓国で暮らす他の民族的背景をもつ家族なども支援を受けられるようになったのである。

「多文化家族支援法」の制定に先立ち，2006年には「在韓外国人処遇基本法」が制定されている。「在韓外国人処遇基本法」が外国人の韓国への早期定着に重点を置いているのに対し，「多文化家族支援法」はより長期的な視野に立った家族政策の1つであるという点で違いがある（白井 2008）。つまり，「多文化家族支援法」は外国人の定住化を前提とした統合政策に相当する。

「多文化家族支援法」で注目されるのは（以下の日本語訳は白井〔2008〕から引用），この法律は「……多文化家族の構成員が，安定的な家族生活を営むことができるようにすることで，これらの者の生活の質の向上及び社会統合に貢献することを目的とする」（第1条）が，そのために「多言語によるサービス提供」（第11条），「生活情報提供及び教育支援」（第6条），「家庭内暴力被害者に対する保護及び支援」（第8条），「産前及び産後の健康管理支援」（第9条），「平等な家族関係の維持のための措置」（第7条）といった移住してきた外国人の韓国社会への円滑な適応を支援するだけではなく，第5条「多文化家族に対する理解の増進」の条項を設け，「国及び地方自治体は，多文化家族に対する社会的差別及び偏見を予防し，社会構成員が文化的多様性を認めて尊重することができるように多文化理解教育及び広報等の必要な措置をとらなければならない」ことを定めている点である。つまり，異なる民族的背景をもつ人々の包摂にあたっては，韓国語や韓国社会に関する知識などを外国人自身が習得することだけではなく，その人たちを迎え入れる側が偏見や差別意識を克服することの重要性も考慮されている。

最近では韓国語に加えて，母親の母語も身につけることによって，母親の親族とのコミュニケーションをはかることや，自らのルーツに対する自信や誇りをもち，健全なアイデンティティを構築することの重要性や意義も認識されるようになり，ソウルや仁川市では二重言語教育が開始されている（櫻井 2011）。櫻井によると，移住女性が大学で一定の時間数の課程を履修することによって（ソウル市の場合は900時間），二重言語教授要員をつとめるなど，二重言語教育

政策は移住女性のエンパワーメントにも寄与している。

4 セクシュアル・マイノリティ（LGBT）

現在，欧米では Lesbian（レズビアン：女性同性愛者），Gay（ゲイ：男性同性愛者），Bisexual（バイセクシュアル：両性愛者），Transsexual/Transgender（トランスセクシュアル／トランスジェンダー：国連などの国際人権機関でも普遍的な定義はなされていないが，UNHCR〔2008〕などによると，身体的な性別と主観的な性別〔性自認〕が一致しない状態。性同一性障害や異性装などが該当すると一般的に考えられている）の人々の多様性を表す総称として，それぞれの単語の頭文字を繋げてLGBT（エル・ジー・ビー・ティー）ということばが広く用いられるようになっている（なお，Intersex〔インターセックス：生殖器の違いに基づく性別判定が難しい状態にあること〕の人々を含めて LGBTI，あるいはさらに文字を追加することもある）。

アメリカでは，アフリカ系アメリカ人が 1950 〜 60 年代の公民権運動の際に用いた「マイノリティ」としての「被害者性」を訴える戦略が一定の成功を収めた。それ以降，承認や権利獲得を求めるさまざまな社会運動やアイデンティティ・ポリティクス（社会のなかで周辺的な立場におかれてきた人々が共通の体験をもとに集まり，自分たちの集団の利益を主張する政治活動）のなかで「マイノリティ」ということばが重要なキーワードとして用いられるようになった（岩間 2007）。ゲイやレズビアンも自らの被差別体験をエスニシティに基づく被差別体験に近似させ，「マイノリティ」という表現を戦略的に用いて運動を展開したのである（Epstein 1987）。

しかし，実際には LGBT はそれぞれ固有の特徴やニーズをもっており，その違いが明白になるなかで，「セクシュアル・マイノリティ」というひとくくりにすることばが次第に回避されるようになり，各自の独自性をより端的に表現できる LGBT ということばが用いられるようになった。日本社会や日本の学界はアメリカ経由の情報や研究動向の影響が大きく，また，日本の LGBT の当事者運動もアメリカの当事者運動を参考にしてきたため，日本でも「セクシュアル・マイノリティ」ということばが広く使われるようになったと推測さ

れるが，最近では当事者を中心に LGBT ということばが用いられるように変化しつつある。

異性愛に基づく結婚と血縁によって結ばれた家族を前提とする近代社会では，LGBT の人々の存在は不可視化され，認められない存在とされてきた。たとえば，かつては同性愛が精神疾患とみなされ，治療や矯正の対象とされていた。しかし，欧米では 1970 年代以降，大きな変化が起きた。当事者による社会運動が活発化した一方で，オイルショックを契機として 1970 年代半ばから性別役割分業がゆらぎ始めた。こうした社会変化はやがて親密性の変容にもつながり，同性愛に基づく親密な関係性，異性愛以外のさまざまな性的指向性や多様な性的アイデンティティといった性的多様性にも社会的・公的な承認が与えられるようになっている。

世界で初めて同性愛のパートナーシップを認める法制化がなされたのはデンマークだった（1989 年）。その後，2001 年にオランダで同性結婚が認められた。

スウェーデンでは，カップルは異性間の婚姻法に基づく「婚姻」に加えて，同性愛者を対象としたパートナーシップ登録法による「パートナーシップ」（日本では同性婚と訳されることが多い），異性愛者と同性愛者の両方に適用される「サンボ法（同棲法）」に基づいてさまざまな保護を認める「サンボ」の 3 つの制度のいずれかを選べるようになっているが，これらの制度の間でカップルが選べる権利にはほとんど差がない（井樋 2009）。このうち，「サンボ」は性別によって扱いが異ならない「中立的な」制度となっている。

また，2014 年 5 月現在，アメリカではワシントン DC のほか，カリフォルニア州，マサチューセッツ州，ハワイなどの 16 州で同性婚が認められている（井樋 2014）。

オーストラリアは連邦政府としては公式に同性間の婚姻を認めていないが，異性愛でないことを理由とした差別に反対するとともに，同性愛などに基づいて形成された「家族」を支援する政策を支持している。ただし，アメリカと同様に州の独立性が高いため，パートナーシップの制度的許容度は州によってかなり異なる。また，不妊治療の先端的な国の 1 つでもあるため，生殖補助技術を利用した「家族」形成もよく行われているが，この点についても州によって事情は異なる。世論調査の結果によると，オーストラリアでは異性愛以外の

人々が形成する「家族」を許容する意識は相対的に高い。

　このような社会的承認の動きとともに，LGBT の人々が形成する「家族」についても研究が進められている（Crouch et al. 2012 ; Dempsey 2013）。たとえば，オーストラリアで実施された最大規模の全国調査によれば，LGBT の親をもつ子どもたちの健康とウェルビーイング（well-being）は基本的に良好であり，異性愛の親をもつ子どもと差はない。また，異性愛の親の場合と同様にパートナー間の葛藤や役割分業のあり方によって影響を受けている。しかし同時に，いまだ同性カップルに対する差別が存在するため，福祉などの制度や周囲の人々による支援が必要であることが示されている。

⑤　多様化する家族の承認・包摂に向けて

　第 1 章で問題提起したように，日本では現在，晩婚化，未婚化，少子化，高齢化，離婚・再婚の増加といった人口構造の大きな変化が生じているが，法制度，雇用・労働慣行，社会保障制度などは依然として性別役割分業型の家族を前提としているために，そうした家族形態をとらないひとり親世帯や単身世帯，独身者，夫婦のみ世帯で暮らす高齢者といった人々が社会保障の網の目からこぼれおちており，社会保障制度の有効性が低下している。また，他の先進国とは異なり，ジェンダー不平等も温存されたままである。

　近代化やグローバル化が進む一方，ジェンダーによる不平等が是正されていくとともに有償労働を続ける女性が増え，親密性の変容がみられる西・北ヨーロッパでは，女性が生涯働き続けることを前提としつつ，性別や家族形態の違いなどによって扱いが異ならない「中立的な」社会保障制度への転換を図ることが，結果として少子化対策にもなっている。実際，家族主義の要素が依然として強いイタリアやスペインといった南ヨーロッパでは少子化が続いている。

　また，本章で取り上げたように，日本人とは異なる民族的背景をもつ家族の増加や，LGBT の人々の存在によっても，日本人同士の異性愛に基づく夫婦のみを前提とする社会制度でよいのか，が問われているといえるだろう。

　こうしたさまざまな面で多様化する家族を承認・包摂するにあたって，現在，

日本では大きく分けると次の3つの考え方——①国家がこれまで異性愛の夫婦のみに認めてきた婚姻制度を同性愛のカップルにも認める方向性，②国家が保護する対象を婚姻関係ではなく，親子関係（一般的には母子関係が想定されている），つまり，ケアする者とケアされる者の関係性に変更する方向性，③親密な関係性に対する国家の承認を最小限にすることによって，親密な関係性がもつ独立性や自由を保障する方向性——が，研究者や運動家などによって提示されている。いずれも欧米の議論を参照している。

　①はデンマークやオランダ，スウェーデン，アメリカなど，「親密性の変容」が生じている国々で進められてきた法制化に対応するものであり，日本でもLGBT の当事者によってこうした方向性を求める運動が展開されている。

　②は，ファインマン（2003〔1995〕，2009〔2004〕），牟田（2010）などで示されている考え方である。この議論の大きな特徴は，国家が家族に対して社会保障を提供するか否かを判断する際に，性関係の有無ではなく，誰がケアの担い手なのかに着目している点である（→第2章）。

　③については，たとえば岡野・加藤（2010）の対談のなかで加藤が支持している。加藤は国家による承認を得ることにより，国家権力による家族への干渉をまねく可能性や，親密な関係性を自由に個人が選択できる可能性を閉ざしかねない危険性に目を向け，国家の承認を最小限にする意義を指摘している（ただし，加藤は同時に，ケア負担の問題に目を向けた場合，国家がもつ強制力によって，離婚後にも子どもが離れて暮らす親から必要な援助を受けられるように，ケアの負担を義務化することが現実的に必要であると指摘している）。

　こうした3つの選択肢のどれをあなたは望ましいと考えるだろうか。また，望ましいと考える理由や根拠はどのようなものなのか。あるいは，ここで挙げた以外の選択肢が考えられるだろうか。

　本書を読み終えたみなさんは，自分にとってあたりまえだと思っていた家族の姿がけっして普遍的なものではなく，時代や国家，経済状況，地域や階層などによって異なることを学んだのではないだろうか。また，個人や家族を支える法律や社会制度，社会政策には時代や国によってさまざまなバリエーションがあることを知り，制度は国から一方的に与えられるものではなく，人々の価

値観や意志によって変えられる，選択できるものであると考えるようになったのではないだろうか。

みなさん 1 人ひとりが，そして，社会を構成するほかの人々も等しく人権が保障される社会の実現に向けて，個人の多様な生き方や家族の形，親密な関係性のあり方を認め，保障し合うためにはどのような制度や政策が必要なのかについて，ここで得た知識や考え方などを手掛かりとして，主体的に考えていくことを期待したい。

EXERCISE ●課題

① 日本では国際結婚によって移住してきた外国人女性やその子どもたち，外国人労働者の家族，日系ブラジル人の家族，在日コリアンの家族など，日本人以外の構成員を含んだ家族を支援するための法律がなく，全国レベルでの統一的な支援策も存在しない。しかし，地方自治体のなかには，定住外国人を支援するための独自の政策を展開しているところもある。また，NPO・NGO などの民間団体が一定の役割を果たしている。新聞記事のデータベースやインターネット，文献などで検索し，本章で紹介したいわゆる「多文化家族」に該当する人々が日本社会で暮らすなかで直面する問題や，地方自治体や民間団体による支援策の実態を調べ，どのような政策が必要なのかを考えてみよう。

② ①同性愛のカップルや，結婚届を出さずに同棲をしているカップル（事実婚）はどのような権利や制度を希望しているのだろうか。②日本以外の国ではこうした要望に応えるためにどのような制度や政策がつくられているのだろうか。この 2 点について新聞記事やインターネット，文献などで検索し，「近代家族」を前提とした日本社会のなかでは公的に認められてこなかった，こうした人々の権利やそれを保障するための仕組み，その必要性などについて調べ，考えてみよう。

引用文献   Reference ●

ベック，U.・鈴木宗徳・伊藤美登里編，2011『リスク化する日本社会──ウルリッヒ・ベックとの対話』岩波書店

張慶燮，2013「個人主義なき個人化──『圧縮された近代』と東アジアの曖昧な家族危機」落合恵美子編『親密圏と公共圏の再編成──アジア近代からの問い』京都大学学術出版会

Crouch, S. R. et al., 2012, "ACHESS–The Australian Study of Child Health in Same-sex Families: Background Research, Design and Methodology" (http://www.biomedcentral.com/1471–2458/12/646/)

Dempsey, D., 2013, "Same-sex Parented Families in Australia," *CFCA Paper*, 18, Australian Institute of Family Studies

Epstein, S., 1987, "Gay Politics, Ethnic Identity: The Limits of Social Constructionism," *Social Review*, 93

ファインマン，M．A．，2003『家族，積みすぎた方舟──ポスト平等主義のフェミニズム法理論』（上野千鶴子監訳／速水葉子・穐田信子訳）学陽書房（原著 1995）

ファインマン，M. A.，2009『ケアの絆──自律神話を超えて』（穐田信子・速水葉子訳）岩波書店（原著 2004）

ギデンズ，A.，1993『近代とはいかなる時代か──モダニティの帰結』（松尾精文・小幡正敏訳）而立書房（原著 1990）

ギデンズ，A.，1995『親密性の変容──近代社会におけるセクシュアリティ，愛情，エロティシズム』（松尾精文・松川昭子訳）而立書房（原著 1992）

井樋三枝子，2009「スウェーデン　同性婚及び挙式に関する改正法」『外国の立法』239（2）

井樋三枝子，2014「アメリカ　同性婚をめぐる各州の動向」『外国の立法』259（2）

岩間暁子，2007「アメリカにはなぜ多様なマイノリティが存在するのか」岩間暁子／ユ・ヒョヂョン編『マイノリティとは何か──概念と政策の比較社会学』ミネルヴァ書房

厚生労働省，2012，「平成 24 年人口動態調査」（http://www.e-stat.go.jp/SG1/estat/List.do?lid=000001112811 ）

牟田和恵，2010「ジェンダー家族と生・性・生殖の自由」岡野八代編『家族──新しい「親密圏」を求めて』岩波書店

野口裕二，2013「親密性と共同性──『親密性の変容』再考」庄司洋子編『親密性の福祉社会学──ケアが織りなす関係』東京大学出版会

落合恵美子，2012「親密性の労働とアジア女性の構築」落合恵美子・赤枝香奈子編『アジア女性と親密性の労働』京都大学学術出版会

落合恵美子，2013「東アジアの低出生率と家族主義──半圧縮近代としての日本」落合恵美子編『親密圏と公共圏の再編成──アジア近代からの問い』京都大学学術出版会

岡野八代・加藤秀一，2010「対論 新しい『親密圏』を求めて」岡野八代編

『家族——新しい「親密圏」を求めて』岩波書店

朴賢淑・坪田光平, 2011「国際結婚家庭における家族支援の意義と課題——韓国の訪問教育を事例にして」『東北大学大学院教育学研究科研究年報』60 (1)

齋藤純一, 2003『親密圏のポリティクス』ナカニシヤ出版

櫻井惠子, 2011「韓国における多文化家庭の子供の教育」江原裕美編『国際移動と教育——東アジアと欧米諸国の国際移民をめぐる現状と課題』明石書店

白井京, 2008「韓国の多文化家族支援法——外国人統合政策の一環として」『外国の立法』238

UNHCR, 2008, *UNHCR Guidance Note on Refugee Claims Relating to Sexual Orientation and Gender Identity*, UNHCR

事項索引

● あ 行

アイデンティティ・ポリティクス　209
新しい社会的リスク　70
新しい貧困　69
圧縮された近代　204
アンダークラス　69
家制度　16，26，33，40，86
育　児　111
育児休業制度　121
育児休業法（育児・介護休業法）　121，150
育児ネットワーク　152
育児不安　152
異性愛　199，204，210
一億総中流社会　50
移　民　205
インセスト・タブー　85
M 字型就労　112
LGBT　79，205，209，211
夫の家事・育児参加　152
親子関係　153，166
親 – 成人子関係　167

● か 行

介　護　3，111，129，176
階層的リスク　60
科学技術　139，145
核家族　16，25，79，87，201
核家族孤立化論　26，29，168
核家族世帯　7
核家族普遍説　25，29，30
格差社会　50
家　事　111
家事分担の規定要因　125
稼ぎ主役割　92，94，125，131，151，172，178
家　族　7
　　──の多様化　132
家族機能縮小説　25
家族社会学　15，17，125

家族主義　65，68，211
家族政策　208
家族法　85，87，187
寡婦控除　6
企業福祉　67，68，125
虐　待　129，151
強制的夫婦同氏（制）　87，187
近代化　24，36，38，40，79，168，204
近代家族　27，40，43，79，201，203
近代家族論　27，34，139
近代国民国家　38
グローバル化　96，191，198
ケ　ア　67
ケア役割　131
経済成長率　146
結婚移民　207
結婚の衰退論　79
結婚の適応論　79
憲　法　40，145
公共圏　200
合計特殊出生率（TFR）　140–42，144，145，172
公的領域　13，29，111，198，199
高度経済成長　68，172
高齢化　211
高齢期　52
国際結婚　204，205，207
戸　主　38，86
互酬性の原理　63
個人化　80，202
個人主義　92，203
戸　籍　86
戸籍法　38，87，145
子育て　149
子育て期　52
子育て支援　151，161
国　家　5
子ども期　52
子どもの権利　157
婚姻率　89
婚外子　103

婚　活　97

● さ　行

財産分与　102
再生産　12, 68, 199
里親制度　160
里　子　158, 160
サード・セクター　66
産業化　79, 168, 170, 171
産業構造　41, 43, 145, 171
三世代世帯　7
三世代同居　8, 28, 179
サンボ　143, 210
残余主義　176
ジェンダー　15, 16, 62, 67, 170
ジェンダー格差　59
ジェンダー差　113
ジェンダー平等　201
ジェンダー不平等　211
仕事と生活の調和憲章　131
事実婚　4, 103, 105
市　場　13
市場志向型　67, 172
私的援助　191
私的領域　12, 29, 62, 111, 123, 198,
　199
児童養護　160
自発的未婚　91, 93
資本主義　14
社会階層　126, 170
社会主義　14
社会政策　61
社会的経済　66, 67
社会的ネットワーク　31, 32
社会的排除　70
社会的分業　26
社会的包摂　70, 211
社会保障制度　42, 60
社会民主主義型　113
社会民主主義レジーム　62, 64
シャドウ・ワーク　13
就業率　111
自由主義レジーム　62, 63
修正拡大家族　31

修正拡大家族論　169
出自を知る権利　160
純粋な関係性　80, 83, 200
生涯未婚率　2, 90, 146
消極的破綻主義　101
少子化　3, 140, 144, 145, 170, 211
少子化対策　156, 211
少子高齢化　3, 96, 110, 131, 191
承　認　211
初婚年齢　2, 37, 90, 144
女性労働力率　112, 140, 141
進学率　141
人口学的要因論　169
人工授精　153
人口政策　145
人口置換水準　140, 146
人口転換　145, 148
人工妊娠中絶　139
人口変動　43
人口ボーナス　45
人口抑制政策　161
親　族　31
親族ネットワーク　152
親密圏　198, 200-03
親密性　198, 200-02
　　──の変容　200, 201, 210, 211
生活時間　123
生活保障システム　67
生活保障制度　172
正規雇用　94, 119, 172, 178, 182
政策・制度論　170
生　産　12
政治性　6, 17
生　殖　138, 143, 145
生殖補助技術　139, 153, 156, 210
性的多様性　210
性的マイノリティ　158
制　度　24
性同一性障害　158
制度の家族　25
性別分業型の双系　177, 184, 185, 187
性別役割分業　15, 27, 29, 68, 88, 111,
　116, 123, 125, 127, 131, 200, 210
性別役割分業型の家族　204

生命倫理　155，161
セクシュアル・マイノリティ　199，209
セクシュアル・ライツ　157
世　帯　7
世代間リスク　61
積極的破綻主義　100，102
絶対的貧困　52
専業主婦　16，116，149，172
専業主婦願望　115
専業主婦世帯　113
選別主義　65
相　続　182，186
相続差別　105
相対的貧困　52，53
相対的貧困率　55，59
尊　属　40
村落社会研究　32

● た　行

第一次産業　42，168，171
第一子出産年齢　144
体外受精　153，154
第三次産業　42，169，171
第二次産業　42，168，171
代理出産　153，155，156
脱家族化　64，203
脱商品化　64
多文化家族　207，208
多文化家族支援法　207，208
多様性　17，35
男女雇用機会均等法　6，116
男女の賃金格差　117，125
単身世帯　56，211
男性稼ぎ主型　67，172
　　──の結婚　96
　　──の生活保障　178，180
単独世帯　7
地域差　36，37
嫡　出　40
嫡出子　146
　　──の推定　41
直　系　40
直系家族　32，86
直系親族　27

TFR　→合計特殊出生率
伝統的家族　35，37
同　居　179，182
同　棲　81，85，103，202
同性愛　199，210
同性婚　199，210
同族団　32
ドメスティック・バイオレンス　207
共稼ぎ型の結婚　97
共働き世帯　113

● な　行

日本国憲法　86
妊娠先行型結婚　104，149，202
年金制度　5，175

● は　行

ハーグ条約　159
破綻主義　102
パートナーシップの多様化　105
晩婚化　2，37，144-46，148，211
晩産化　144
非自発的未婚　92，93
非正規雇用　94，119，131，180
卑　属　40
非嫡出子　143，144，148
ひとり親世帯　57，58，128，211
避　妊　139
貧　困　50，61，130
　　──の女性化　59
貧困線　52
夫婦財産別産制　88
夫婦同氏（原則）　4，41
夫婦別姓　5
　　選択的──　4
福祉国家　42，61
福祉レジーム　61，62，66，113，204
　　──の3類型　62
父　系　168
父系優先　182，184，187
父子世帯　57
不　妊　139
不妊治療　210
普遍主義　64，176

事項索引　● 219

文化的規範論　169
平均寿命　171
平準化　38
傍系親族　27
包　摂　→社会的包摂
法　律　24
法律婚　103
母系家族　31
母子世帯　6，31，57，58
保守主義型　113
保守主義レジーム　62，64

●ま　行

マルクス主義フェミニズム　13
見合い結婚　87，93，206
未婚化　3，91，144，145，146，211
民　法　38，86，145
無償労働　13，61，111，124，125
息子 – 親関係　168
娘 – 親関係　168
明治民法　86，173

●や　行

友愛的家族　25

有償労働　12，61，111，124，125
養育費　102
養　子　158
養子縁組　159

●ら　行

ライフイベント　8，34
ライフコースにおけるリスク　61
離　婚　79，97，148，211
離婚率　89，97
リスク　29，60，63，65
リプロダクティブ・ライツ　157
両立支援型　67，172
歴史人口学　16，33
歴史性　29
恋愛結婚　87
ロマンティック・ラブ　81
ロマンティック・ラブ・イデオロギー　28，
　　138，143，144，145，201

●わ　行

ワーク・ライフ・バランス　110，122，
　　127，131，150

人名索引

◆ ア 行

アリエス，P. 28
有賀喜左衛門 32
イリイチ，I. 13
埋橋孝文 66
エスピン - アンデルセン，G. 60，62，66
大沢真理 66，172
落合恵美子 170，203

◆ カ 行

加藤秀一 212
喜多野清一 32
ギデンズ，A. 80，132，200，202

◆ サ 行

齋藤純一 202
シェルトン，B. A. 125
ショーター，E. 28
白波瀬佐和子 180
スティーブンス，W. N. 84

◆ タ 行

タウンゼント，P. 53
ダフニ，J. 125

◆ ナ 行

野口裕二 201

◆ ハ 行

バウマン，Z. 69
バージェス，E. W. 25，79
パーソンズ，T. 25，29，79
バダンテール，E. 28
速水融 34
バラ，A. S. 70
ファインマン，M. A. 212
ブース，C. 53
ベック，U. 80
ポペノー，D. 80

◆ マ 行

マードック，G. P. 25，29，30
マートン，R. K. 96
牟田和恵 212

◆ ヤ 行

柳田國男 32
山田昌弘 81，180

◆ ラ 行

ラペール，F. 70
リトワク，E. 31
ロウントリー，S. 52
ロック，H. J. 25

有斐閣ストゥディア

問いからはじめる家族社会学——多様化する家族の包摂に向けて
Introduction to Sociology of the Family with New Questions:
Toward Social Inclusion of Diversifying Families

2015 年 3 月 10 日　初版第 1 刷発行
2019 年 12 月 20 日　初版第 8 刷発行

著　者	岩　間　暁　子 大　和　礼　子 田　間　泰　子
発行者	江　草　貞　治
発行所	株式会社　有　斐　閣

郵便番号　101-0051
東京都千代田区神田神保町 2-17
電話　(03)3264-1315〔編集〕
　　　(03)3265-6811〔営業〕
http://www.yuhikaku.co.jp/

印刷・萩原印刷株式会社／製本・大口製本印刷株式会社
©2015, Akiko Iwama, Reiko Yamato, Yasuko Tama. Printed in Japan
落丁・乱丁本はお取替えいたします。
★定価はカバーに表示してあります。
ISBN 978-4-641-15016-4

JCOPY　本書の無断複写（コピー）は、著作権法上での例外を除き、禁じられています。複写される場合は、そのつど事前に（一社）出版者著作権管理機構（電話03-5244-5088, FAX03-5244-5089, e-mail:info@jcopy.or.jp）の許諾を得てください。